如何做孩子才爱学

王艳梅 /著/

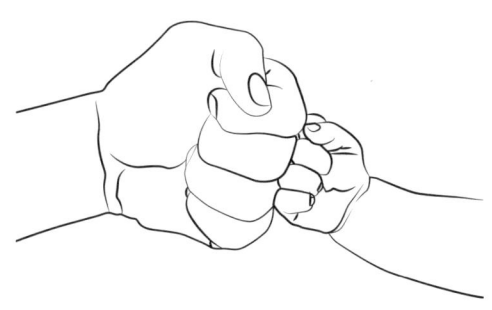

天地出版社 | TIANDI PRESS

推荐序

把学习的权利和快乐还给孩子

王艳梅老师的这本书，既为操心孩子学习的中国父母而写，也为从小学到高中一直为自己成绩焦虑的中国孩子而写。与众多教育类图书相比，这本书的独特之处在于，王老师通过心理教学的实践，探索、梳理与还原了学习的主体和学习的本质，让我们看到教育的另一种可能。也许，它最终能够帮助我们把学习的权利和快乐还给孩子，让孩子成为学习的主体。

一、当学习成为苦役

一个孩子，从6岁起背着书包走进校园，成为一名学生。小学6年，中学6年，整整12年的时间里，几乎每一个中国家庭，都调动了大量的甚至全部的家庭资源，用于提高孩子的学习成绩。

这是一项不断投入的，耗费人力、物力和财力的家庭工程，而这个工程的目标，就是孩子从小学开始一路成绩优异，高考冲刺进入名校，学有所成，满足父母和家族的期待。为此，从乡村到城市，每一个中国家庭都在拼，很多家庭甚至因此失去了平衡。而在父母们为此支付巨额教育成本的背后，是他们对孩子输在起跑线上的恐惧，是对"我不这么做就对不起孩子"的焦虑。

这种巨额教育成本不单指财务方面的，还包括父母乃至整个家族付出的时间成本。这是一个很有"中国特色"的现象：孩子上学，家长也要"同学"。随着孩子年级的逐渐升高，尤其是进入中学之后，对家长而言，辅导孩子的学习就成了越来越困难的任务。有人戏言：中国教育的主要矛盾，变成了家长的知识积累越来越少与孩子的课业难度越来越大之间的矛盾。

每个孩子都是爱父母的，从父母的目光和话语当中，他们主动或被动地知道了：在学习上，父母为自己付出了极大的努力。无论是走进校门，还是回到家中，他们小小的肩背上都背负着父母沉甸甸的期望。

这一切使得学习不再简单。它是家庭和父母放出的债，而孩子就是承担债务的人。虽然有不少孩子能够享受学习的过程，但对于更多的孩子来说，不管成绩好与坏，把学习看作一种苦役是一种普遍现象。

二、从"空心病"到"快乐学霸"

王老师的这部作品，脱胎于为应对上述现实而打造的一门10集的音频课程《快乐学霸养成记》。

在此，我觉得很有必要追溯一下王老师的这部作品的诞生历程。

王艳梅老师是我在《心理月刊》任职时合作的心理咨询师，在我作为联合创始人加入《心理月刊》前主编王珲女士创办的"十分心理"平台后，王艳梅老师仍然与我和我们的团队密切合作，在我们的公众号和心理节目中常常贡献她独特的声音。比如，在我们的《青春期》节目中，有一期的主题是"我们的孩子们的学生时代是怎么过的？"王老师说："从焦虑症和强迫症中过的！"这句话让我印象非常深刻，也促使我在这个问题上进行了更多的社会调查。

2016年11月6日，"十分心理"作为一个初创的心理平台，策划了一个具有一定社会影响力的活动，即在北京玲珑阁主办了题为"我该如何存在——当代青年的存在焦虑与突围"的论坛。论坛邀请了中国著名心理学家、当时还在北京大学工作的徐凯文教授作为嘉宾，著名脱口秀演员令狐冲做主持人，著名心理学家彭凯平、徐钧、韩岩、唐映红等应邀参加，论坛还邀请柏邦妮等人加入圆桌会谈。就是在这个论坛上，徐凯文教授向全社会正式发布了"空心病"的重磅研究报告。徐凯文教授在北京大学对大学生做了大量的调查，并基于对大学生进行的心理咨询，定义了一种因为价值观缺陷而导致的精神障碍，即"空心病"，其核心问题是人缺乏支撑意义感和存在感的价值观，人生的意义是个空洞。在徐凯文教授提供的数据里，北京大学一年级的新生中，有30.4%的学生是厌学的；还有40.4%的学生认为人生没有意义。有一些学生描述自己从来没有活过，更没有为自己活过；有一些学生有自杀和可能实施自杀的意念。"空心病"这个词触痛了中国人，尤其是中国教育界人士。而在今天，"空心病"作为描述部分群体精神状态的代名词被中国社会所接受。

也正是在那次论坛的推动下，王艳梅老师的《快乐学霸养成记》受到了"十分心理"团队的一致认可。大家认为王艳梅老师的诸多教育理论，恰可以视为当代"空心病"的解药。令我印象十分深刻的是，王老师说自己的课程就是要从心理学的视角，帮助父母理解孩子的处境、孩子的个性以及学习规律，为孩子构建一个健康成长、快乐学习、智慧学习的良好环境和家庭系统，帮助孩子享受学习的快乐，并成为一个自由而聪慧的终生学习者。

事实上，我们团队当时对于"学霸"这个词也进行了讨论，我们最终认为，每一个孩子都可以是今天人们口中的"学霸"，因此也就没有所谓的"学霸"了。正如王艳梅老师所说："没有学不好的孩子。重要的是，家长做好成为快乐学霸父母的心理准备，孩子才可能成为快乐'学霸'。"

三、为谁而学习

徐凯文教授在"空心病"的报告中所提到的表达——"从来没有活过，更没有为自己活过"的学生，说出了绝大多数孩子在学习上的被动：学习从来不是为了自己，而是为了父母。很多孩子有一种深深的无力感，感觉自己成了一个学习机器。

曾经有一位天才音乐少年获得了国际大奖，媒体记者采访他，之后在报纸上以大字标题"妈妈，我成功了！"概括他的获奖感言。这既是肺腑之言，体现了孩子对母亲的付出与牺牲的深情感恩，同时也让人有种悲伤之感：少年成功了，但这是一种被献祭的成功。

这就是为什么很多学习成绩优秀的孩子也会陷入抑郁状态。当"优秀"和"成功"被献祭出去，孩子作为一个生命主体，内心是空的。

王艳梅老师当时参与了数期"十分心理"的《青春期》的音频节目，《心理月刊》前编辑李芬芬作为特邀主持人，与王艳梅老师深入地探讨了孩子在青春期会遇到的重要问题，学习成绩是其中被讨论最多的，有几期节目我也参与了。我记得，王老师提到在家庭教育中存在"法西斯恐怖主义"现象时，我大为震撼——在我还是记者的时候，我所做的田野调查中，有很多证据是支持这个说法的，它是有一定的普遍性的。

为谁而学习？这是一个很有社会现实意义的议题。当父母把自己未曾实现的个人愿望强加在孩子身上，强调"你要为我实现我未曾实现的和我想要你为我实现的愿望"，久而久之，孩子就会意识到原来自己是为爸妈学习的。甚至有些孩子会很狡猾地用学习成绩来调控和父母的关系：当父母爱孩子的好成绩超过孩子本身的时候，孩子就会认为父母的爱是有条件的爱；当父母的关系出现了问题，有些过于害怕的孩子会让自己的学习成绩变差以获得父母的全力关注；还有一种可能，当父母在潜意识里不希望孩子学习好——这并不奇怪，一些父母表面上希望孩子学习好，但是在潜意识里害怕孩子学习好了远走高飞——因为孩子学习好，就可能离开父母去上好的大学,甚至去国外发展……当父母在学习成绩上对孩子猛敲猛打,甚至实施"法西斯恐怖主义",让孩子在内心把学习与恐惧父母挂上钩,孩子就无形中跟学习结仇了。

学习也可以快乐吗?在王老师看来,这是理所当然的。学习知识本身即是快乐的,在学习中掌握学习的规律和方法,在学习中体验自己的能力和价值,这本身就是快乐之源。王老师说:"我们现在去翻看孩子们的课本,无论是数学、语文、物理、英语、化学,还是几何、生物、音乐、美术,等等,这些科目里都包含着很多很有趣的知识、秩序以及美的真理;同时,一个班级就像一个大的团体,一群同龄的孩子在一起学习,这本身就应该是非常快乐、共同促进、人格健康成长的过程。"

与王老师共同打磨课程的那两三个月,于我而言,是非常难得又难忘的体验。在大望路那间加装了消音棉的小录音棚里,王老师和我一起讨论如何在内容和时长方面优化这门课程。我们一遍遍地打磨文本,一遍遍地调整录播的状态,最终为读者呈献了一门很有含金量的,包含20节音频、每节20分钟的课程。

我当时写了一篇《Hey,儿子,你可以考零蛋》的文章,其实是向大家推广王老师的这门课程的"软文"——当然,这是一次很有诚意的营销。"一件事情一旦与苦役和恐惧挂起钩来,就不是好事了。学习本来就应该是像游戏一样好玩的事情,为什么我们的学校、父母和社会联合起来把学习变成了一场长达十几年的'有期徒刑'呢?"我在这篇文章中所"营销"的,就是王艳梅老师的这门课程,也就是本书的核心思想:让孩子成为学习的主体,把学习的权利和快乐还给孩子。

为何要让孩子成为学习的主体？

作为心理咨询师，我们在咨询中接待的青少年，很多是因为厌学、逃学及退学被父母送来的，有些人甚至有抑郁倾向和自残、自杀冲动。而徐凯文教授曾经特别指出，那些刚刚进入大学就罹患"空心病"的优秀学子，是有强烈的自杀意念的，这种自杀意念很多时候不是源自现实中的困难、痛苦和挫折，而是因为不知道为什么活着。孩子的这种危险的状态，并不是进入大学之后才有的，很可能是从高中、初中，甚至更早就有了，他们中的一些人可能已经实施过自杀行为了。

看到那些青春年少的孩子在身体上留下道道划痕，看到他们的身影飘下立交桥和楼顶，我们在震惊和痛心之余，需要去解开这个生命谜题：这些孩子为什么会选择伤害自己的身体？这些孩子为什么不想活在这个世界上？

在临床上去探究这些自残、自杀或自杀未遂的青少年的家庭，我们也许能够发现一些共同的、可称为线索的材料：这些孩子没有主体性，他们与自己的父母可能形成了高度融合的被吞噬与吞噬的关系；可能还有家族特有的代际创伤。由于没有主体性，由于背负了生命中重要他人甚至家族的期待和负担，在遭遇一些特别的创伤事件和情境时，这些孩子承受不了生命中不能承受之重，往往会杀死自己——这个自己还包括他们想杀死的主体的"入侵者"。

对于逝去的孩子的生命，我们不能只追悼和痛惜，我们要做的事情更多，要去保护那些处于危机中的孩子，重视他们的呼救，同时也要在整个社会和家庭中拉起一张生命的防护网。

四、赋予更多主体权利给孩子

为谁而学？为什么而学？这些问题的答案对于每一个孩子都是重要的。

关于学习的权利、动力以及快乐，《内在生命》一书的作者、英国心理学家马戈·沃德尔（Margot Waddell）认为，要区别能强化性格和独立思考能力的思考及认知方式，以及促进资质同专业能力的思考方式——后者是衡量外在成长而未能增加内在成长的学习。"我们关心的不是社会价值观和优先级，而是关于个人的特定议题，是孩子从早年开始即被吸引的认同类型。"马戈·沃德尔把孩子的"原始认同"（对外在的重要人物的认同或对这些重要人物的内在表征的认同）分为黏着式认同、投射性认同和内摄性认同。马戈·沃德尔说，这个原始认同的模式会转移、变化，但通常每个孩子会有一种主导认同模式。而这种主导认同模式决定了孩子的学习方式。

第一种，借由模仿，如鹦鹉学舌般的黏着式学习。

第二种，孩子焦虑地企图成为自己所不是的人，而投射式地扮演该角色来学习，甚至感觉自己仿佛就是他人。

第三种，孩子不气馁地追寻理解来学习，此种学习方式通过与安全的内在自我的互动来达成，这个内在自我则是衍生自，能将美好及能深思的心智能力加以内摄性认同的能力。

今天中国孩子的学习模式，至少一半是黏着式学习和投射式学习，他们学得辛苦且痛苦。而采用内摄性学习模式的孩子，就是王艳梅老师所提倡的不参与内卷，通过家长的浸润式教养，成为快乐学习的"学霸"。正像我们有自己的工作目标和岗位职责一样，一个孩子在进入学校之后，学生就是他的角色。父母把学习的权利还给孩子，不把自己的期待和孩子的学习成绩捆绑在一起，也不把惩罚和恐吓与孩子的学习成绩捆绑在一起，同时在孩子面临来自学校和同学的"压力"时，能够做孩子的同盟军。如此，孩子才会享受学习的快乐，学得更深、更广、更有创造性，并且会把这种学习能力保持一辈子。

非常感谢王艳梅老师邀请我为她的这本书作序，这正是我十分乐意去做的事情——希望越来越多的青少年，在长达十几年的学习生涯中，能够成为自己学习的主体。那么，他们的人生将会光辉灿烂，在他们的面前就会有一条道路，通向更广阔光辉的彼岸。

王小屋

资深媒体人、"十分心理"前联合创始人

| 自 序 |

不从众的爱，
为孩子的一生赋能

一、好的亲子关系，让家庭教育的顺利实施变得可能

我有幸在孩子3岁时成为专职的心理咨询师，也开始了深度的自我成长。在陪伴很多人经历痛苦、走出痛苦的过程中，我见过无数因家庭教育失败导致的悲剧，因而非常重视亲子关系，也一直在调整自己对于孩子的期待并尝试更合理的教育模式，未雨绸缪。

我清醒地认识到，要放弃那些成龙成凤的奢望。一个孩子，如果能相对快乐地读完初高中，并且在毕业时身心健康、阳光积极，家长便已是成功了！这样的孩子其实已经超越了绝大部分同龄人。眼光放长远看，我认为家庭教育的终极目标就是：孩子在成年后能自食其力，对社会有贡献。

基于此，我很早就对孩子有超乎寻常的接受力与耐心。即便我的孩子只是个"普娃",即便他小时候异常顽劣,孩子爸爸和我始终欣赏、深爱和呵护他,我们之间彼此深度信任,亲子关系始终是温暖与和谐的。好的亲子关系,让家庭教育的顺利实施变得可能。

从孩子很小时起,我们就一直尊重他的想法。我觉得自己在家庭教育上最成功的一点是,自从孩子升入初中,他就不再听我的话,而是听自己的。无论我的建议听起来多有道理,他都要经过自己的思考验证才接受。在他看来,我最多只是他的"参谋长"。

没有压迫就没有反抗。所以,我身边懂得尊重孩子的朋友都和我一样,尊重孩子的想法,我们的子女在青春期都没有出现逆反情况。直至孩子们长大成人,一直是父母慈、子女孝,亲子关系是和谐的。无论所处的教育大环境多么浮躁与内卷,孩子们始终沐浴在父母的爱里,快乐地学习与成长。

我的孩子是个不折不扣的"普娃",甚至是"普娃"里面的"坏典型"。从小就好动、格外调皮,从幼儿园大班到小学毕业前,他基本上是老师们眼里的"鬼见愁"、班里的"四大金刚"之一;没上过早教课,上学前只认识自己的名字,"斗大的字不识一箩筐";小学时,因为抽动症,吃了3年中药,上四年级时还曾经因为连一分钟都坐不住,被老师批评,在班里被罚站、写检讨,作为家长的我时常被叫到学校谈话;除了体育课和钢琴课,他没上过其他辅导班,只是把学校里的功课完成。

那些年里,我从未因为老师找我谈话、孩子惹麻烦而打骂或者责备孩子,只是"被迫开始在教育上下更大的功夫",并且一直觉得他非常可爱。儿子小文说："妈妈，你最会教育孩子，所以给你一个最难教育的哦。"

其实我最感谢的是我的孩子小文，如果他不那么顽皮，可能我不会重新全心投入教育中去。是孩子成就了我，他不仅让我成为母亲，也让我有机会不断进步，直到有能力可以帮助更多的家长和孩子。生命里所遭遇的挫折、麻烦、痛苦，其实都是最好的资源，只要你懂得珍惜并勇敢面对，它们就会成为你生命中最宝贵的财富。

二、快乐学霸养成——不内卷，也出色

家长们的焦虑主要来源于比较，怕自己的孩子不如别人。比较带来快乐，比较也带来痛苦。每位家长都明白，人要和自己比，孩子要成为最好的自己。可是家长的内心又都迫切地希望孩子能超越其他同龄人：大学一定上名校，"清北"最好，再不济，"985" "211" 也行。低于这个标准，家长就很难接受了，于是身不由己，越来越早地把孩子推进内卷的洪流。当然，焦躁不安的家长随着孩子的成长，终归要面对现实、恢复理智。

大家都熟知这句话"天才是99%的汗水和1%的天分"，但我确信，事实上没有多少智商一般的孩子靠足够的勤奋和好的教育方式就可以考上"清北"。家长们一定要理智而清醒，孩子的成长无法逆转，教育没有回头路可走，市面上那些耳熟能详的如何培养出上名校的孩子的教育指南，可能不适合你的孩子，那或许只是人家恰好生出了高智商又努力的娃而已。

当下中国教育正在不断深化改革，力图给孩子减负，但升学和

高考的压力仍在,家长们的焦虑丝毫不减,怎样才能走出一条皆大欢喜的路呢?

早年间,我就发现一个孩子到了初高中,如果学习成绩不好,达不到中等及以上,基本上很难快乐,要保持身心健康也很难。

我的一些心理学同行的孩子因为父母宽容,的确身心较健康,但学业平平。

身心健康和学习成绩好不应该是矛盾的,所以我一直在思考:是否有办法可以帮助孩子和家长们,让孩子成为身心健康、不内卷,同时热爱学习、成绩好的孩子呢?我的经验证明:每个智商正常的孩子都可以成为爱学习、成绩好的学生。要做到这一点,家庭教育至关重要。

2009年,在我的孩子小文9岁的时候,刚升入四年级的他,上课连一分钟都坐不住,经常东张西望。我必须尽快下大功夫,投入精力去帮助他学习,于是,我开始了深度教育实践,没想到一直做了十几年。

以心理数学(从我国台湾地区引入的一个用心理学方法辅导数学教育的模式,其前身是日本的公文数学)为工具,我带领和指导家长们不断改善亲子关系,学习如何更好地与孩子相处,巧妙地助力孩子学习,陪伴孩子通过重复努力来提升学习兴趣、提升专注力、培养自学能力等。

我成功了。

小文在公立学校读书,从小学到高中毕业,基本上做到了不补课,不熬夜,不学奥数,初高中不参加任何学科的竞赛;规律生活,按部就班,小学晚9点睡觉、初中晚10点睡觉、高中晚11点睡觉;热爱游泳、羽毛球、乒乓球、篮球、击剑等运动,并坚持每周运动;五年级开始平均每年去两个国家旅行,直至上大学;努力增添生活上的富足感与幸福感,和我一起快乐生活,品美食、多娱乐。初中时,小文弹钢琴弹得极其投入,高中迷上了辩论。小文从小被惩戒的方式是背诵《朱子家训》,从而养成他谦虚知礼的品行。我们始终坚持不择校,不择班,不参与内卷,小文虽然整个初中都在北京市西城区一所普通的学校且年级平均成绩最差的班级里学习,但他最后却成为年级里成绩拔尖儿的学生,毕业时被评为"北京市三好学生"。

  小文从初中开始极勤奋,显现出了强大的内在动力,彻底蜕变成大家公认的"别人家的孩子",我也成了人人羡慕的"别人家孩子的妈妈"。中学时的小文温和儒雅、积极踏实,尤其热爱学习,不浪费一分一秒。初、高中的老师们都说,几乎没见过学习如此主动的孩子。小文在刚上初中的3个月内,就背熟了初中需掌握的1600个英语词汇;上课时全情投入,紧紧追着老师的思路,积极提问。他按时完成初高中的作业,并尽力把握一切零散时间,争取超前完成学业。小文虽然在读初中时就有相当大的作业量,但因为酷爱数学,所以自己主动大量刷题,额外完成了好多本不同的数学练习册。某天,他抱着一堆完成的练习册找数学老师,说这几本不适合基础不够扎实的同学,这本适合,建议老师推荐给同学们做。数学老师当场目瞪口呆。小文对数学真是狂热地爱啊,他初中时经常逢大考数学就失利,但始终屡败屡战,充满热情,直到高中时才做到数学考试轻松拿高分。

小文读初中时，身边大多是不爱学习、成绩平平的孩子；考入市重点高中后，身边都是比他优秀的同学，他在这两种完全不同的环境里始终如一地勤奋学习，做好自己，并且将初、高中的学习生活过得有滋有味。

我是个执拗的妈妈，初中时坚持孩子不择校，不择班，有逆潮流而行的味道，确实有些冒险。在此，我也要深深感谢小文配合妈妈的不从众行为。

三、做自己最幸福，勇敢做自己

一上初中，我的孩子就不再是经常被老师批评的问题孩子，而是成为学校公认的爱学习、上进的好孩子了。有一天，孩子回来说，老师希望他好好努力，然后帮助他争取"北京市三好学生"荣誉。当时，我说出了自认为在孩子教育上最漂亮的一句话："你想怎么淘气就怎么淘气，不要为了拿'市三好学生'而委屈压抑自己。"

有多少人为了某种利益，不断地委屈自己？又有多少孩子早早就开始扭曲心灵，不断地压抑和伪装自己以求得某种奖励，造成自身心理上的问题不断积累？很可能，绝大部分家长根本没意识到这一点，更谈不上成为孩子的助力。

我们拼尽全力学习或工作，并不是为了比谁更有名、更有钱、粉丝更多，而是我们在选择上可以有更多的自由，可以对自己不喜欢的事情说"不"。人最幸福的，是可以做自己，不需要违心去说任何话、做任何事。

我从小就被看作有个性的人，喜欢独来独往，很少在意别人是否满意。多年前，刚来北京时，我曾在一家人际关系复杂的公司工作。我当时没精力经营人际关系，只好在群体中沉默，做好分内事，和同事就事论事。后来，是非不断，我更沉默，受到诽谤亦不解释。从一开始的"小透明"到后来的对公司贡献颇多的人，我始终不逢迎，不骄矜。某一天，一位曾经做过记者的优秀同事在离职前特意找我聊天，对我说："你是我见过的唯一让环境适应了你的人。"我才意识到自己有多么不从众。35岁以后，我开始学习有意识地去照顾别人的感受，也刻意训练自己更谦虚和包容。

虽然一路走来，经历了很多坎坷与痛苦，我却一直觉得自己是幸福和幸运的。不管顺利与否，安心享乐，无忧无惧。我认为自己经历的，都是最好的时光。

我曾经以为"学霸"（处于勤奋且分数高的成功期）才是好的。某次企业课上，跟员工们探讨时，我瞬间悟到其实大部分人终其一生都是在"学渣"（处于勤奋但分数低的淬炼期）象限里，偶尔才能当当学霸。"学霸"其实只是理想，而我们的常态是"学渣"。人外有人，天外有天，我们即便很努力，小有成就，也只是偶尔冒尖儿，跟那些卓越的人比，我们实在平凡得微不足道，但也正是我们这样朴素而踏实的人，构成了整个社会的主体。

勇敢做自己，这样的人最幸福。

四、致敬李绍崑教授

我所认识的人中，称得上伟大的，是我曾经的督导恩师李绍崑教授。李老师有着极不平凡的一生，他有大爱，对人真挚，给予这个世界满满的关怀。

李老师是美籍华人，曾任美国中美精神心理研究所的所长。他老人家在70岁之前，曾在英国爱丁堡大学任心理系教授28年。他不但是我学习心理学道路上的启蒙督导，更是我生命中的一道光，在他的帮助下，我有机缘打破自己的封闭状态，重新整合成越来越有力量的自己。

初识并跟随李老师学习时，他虽已经75岁高龄了，但仍神采奕奕。李老师独特的李氏吼叫与棒喝，他的慈爱与悲悯，春风化雨般滋润了无数同学，让大家生出敬爱与景仰之情。

我习惯跟人保持距离。真正走近李老师，源于我俩之间的一次激烈"斗争"。在成长团体里一直沉默的我，有一天出人意料地挑战起无人敢惹的李老师，开始"斗地主"。因为一些误会，那期课的最后一天，我当众要求李老师向我正式道歉。李老师当场决定在下一阶段的课程里召开集体会议，由全体同学来裁定他是否需要向我道歉。

转年，由韩立霞主持的集体会议如期举行，这是李老师的主场，所有的同学都是崇拜他的弟子，结果毫无疑问，他赢了。之后课上课下，李老师一直在递橄榄枝，用包括关注在内的各种行动变相地向我道歉，甚至有些讨好我的意味，好多同学因此表示不服和嫉妒。当时的我如受伤的困兽，执拗地不肯原谅，在课程接近尾声时，李老师说的"缘分需要互相珍惜"点醒了我，我跟老师和解了，李老师非常高兴。从此，我变得不再决绝和执拗。李老师的太太张宝蕊老师（也是我的老师）说，我很像李老师，笑称李老师这辈子终于遇到怕的人了。

之后在李老师身边的日子，都是无比幸福的啊！李老师是非常"鲜活"又自在的人，喜欢请客吃饭。李老师经常在课上一边跟我们分享零食，一边带我们认识更多层次、更精彩的世界，跟我们探讨各种意义深远的话题，如曾国藩的躬身入局、各流派宗教（李老师在美国时曾教过比较宗教学的课程）、临终关怀等。他经常带着同学们一起帮助其他同学解惑。在李老师这里，每个人都可以做真实自在的自己，不说假话，畅所欲言。在李老师的课上，我曾以"逍遥"为主题讲的小课，是我此生最逍遥自在的一课。

李老师从来没有教过我们要怎么做，从来不评价我们做事的好坏，也从来不讲大道理，我们甚至常常不记得他说了什么。但在他身边，我们会觉得自在又幸福，总能汲取满满的力量，不断明辨成长的方向。

在李老师心中，我大概是个极不上进的人，不潜心学术、不思读研和读博、不想承担太多压力和责任、不追求事业上的成功……但他从未批评过我。他只是吐槽我不肯好好学英语，更不肯学西班牙语。那次我在秘鲁待了近两个月，因外语实在太差，终究没能帮李老师找到他那位在秘鲁教育部门工作的故知。

某一年，学习论文写作时，我曾信誓旦旦地跟李老师说，我要以《聊斋志异》中的一篇文章为主题，写一篇关于婚姻咨询的论文。我看得出李老师很欣喜，李老师也极认真地指导着我。可惜那时的我实在怠懒。论文写到一半就搁置了，最终也没完成。想来李老师也感到无奈吧，终觉我是朽木不可雕也。难得的妙处是，在李老师这里，我虽懒惰却极其坦然自在，丝毫没有心理负担，或许这就是被他的大爱呵护得安全十足的感觉吧！

2012年，我去武汉看望李老师，李老师在征得来访者同意后，邀请我和他一起给情况复杂的来访者做咨询。咨询结束后，李老师认真地说："艳梅，你的婚姻咨询做得比我好。"这是李老师对我的唯一表扬，我备受鼓舞。在后来的电话聊天里，李老师偶尔跟我说起他的烦恼，我倾听，给些建设性的解决方法，李老师也都欣然采纳了。

李老师讲究穿着，喜欢华美的服饰。跟随李老师学习的那些年，我却一直崇尚朴素，跟时尚绝缘。直到李老师去世两年之后，某天我突然觉醒，开始重视形象塑造。在某些方面，我终于不自觉地活成了李老师期待的样子。

多年来，我和我的孩子、我的学生们之间一直是平等的朋友关系，从来不存在"我在教他们"的优越感，我更不曾因为他们年龄小或者幼稚而小看他们；我把他们每一个人都当作独立和值得尊重的个体，在爱护他们的基础上，去理解他们，试着用鼓励的方式推动他们前进，只要他们需要我，我就会真诚地、尽心地去帮助他们。我想，这些都是李老师无形中教会我的道理。或许我在潜意识里觉得，做老师就要有一点老师的样子，努力带给别人一些支持，努力成为一些人生命中的光。

李老师于2014年深秋去世，享年86岁。在此之前，我们做了多次认真的告别。他在去世前一年给我们这些学生写了封公开信，跟我们约定：天上人间，不见不散。他在天之灵如果知道我已经出版第二本书了，一定会很欣慰。如果上天允许我活得比较久，我决心工作到85岁以致敬李老师。李老师去世好多年了，但我不忧伤，因为李老师永远活在我心里。我不但会继续勇敢做自己，让自己更幸福，也会把李老师曾给予我的大爱传递给有缘之人，希望我的存在可以让这个世界更美好。

五、衷心地感谢

有很多要感谢的人：感谢为本书付出大量心血的天地出版社的编辑；感谢好友王小屋为我的书作《推荐序》；感谢成长路上曾指导我学习的李绍崑教授、张宝蕊教授、李中莹老师、吴文君老师等多位大师；感谢"十分心理"创始人、《心理月刊》中文版创始人王珲老师；感谢我的好友朱薇、王海宏、李芬芬、袁锐、白兰、栗莉、韩立霞、侯娟、王迎旭、周越、陈琨、吴丽华、王菲菲、周澜、穆莉等；感谢多年来信任我的家长与孩子们；感谢所有我爱着也深爱我的家人们。

愿所有人都可以越成长，越自由，越青春。

CONTENTS
目 录

第一部分

父母的认知，决定孩子的高度

第一章

越急于求成越不成 / 006

第一节　平和的你，是孩子最好的起跑线…006

第二节　拥有生活的甜，才吃得下学习的苦…012

第三节　只有方法对了，结果才不会背离初衷…029

第二章

功夫用在无声无息处，高明的教育是浸润式教养 / 038

第一节　功能缺损的家庭对孩子学习的影响…038

第二节　你的家庭系统运作正常吗…048

第三节　教养方式决定孩子一生…053

第四节　浸润式教养变分歧为助力…069

第五节　浸润式教养法如何惩戒…076

第二部分

如何推动不同状态的孩子
进入稳定的成功期

第一章

学习状态的四象限分类法 / 089

第一节　对号入座，判断你的孩子在哪个象限…089

第二节　无论学习状态如何，做孩子永远的"加油站"…091

第二章

闲置期：锚定重复力 / 096

第一节　学习的内核是重复…096

第二节　聪明但不好好学的圈套…102

第三节　摸清影响勤奋的心理根源与因素…106

第四节　引导孩子勤奋的"魔法碎碎念"…112

第五节　用浸润式教养法全面提升学习兴趣…115

第三章

淬炼期：夯实学习力 / 123

第一节　明明很勤奋，为什么成绩不行…124

第二节　充分了解并解决孩子学习中存在的困难…133

第三节　淬炼期如何保持学习兴趣...147

第四节　四种核心能力，帮助孩子全面提升...152

第四章

成功期：保持谦谨 / 164

第一节　成功期亦是变动期...165

第二节　父母是语文学科的第一助力...167

第三节　父母的执行力，决定孩子的数学基本功...176

第五章

待定期：谨防成绩滑落及滑落后的心理问题 / 180

第一节　待定期实则等同闲置期...181

第二节　警惕孩子成绩滑落后的心理问题...185

第三部分

浸润式教养法之家长行动指南

第一章

从量变到质变，在浸润中实现突破 / 192

第二章

和孩子一起成长 / 200

第一节　浸润式养育，更需要耐心与注意...200

第二节　打通"听到—认同—做到"之间的通道...206

第三节　在日常浸润中化解大考的焦虑...211

第三章

消除孩子学习中的"一票否决"式因素 / 219

第一节　帮助孩子建立合理的自我定位...220

第二节　万万不可小觑学校的人际关系...223

第 一 部 分

父母的认知，

决定孩子的高度

家庭者,人生最初之学校也。一生之品性,所谓百变不离其宗者,大抵胚胎于家庭之中。

——蔡元培

教育很像种庄稼，只谈收成不行，不谈收成也不切实际。孩子的学习成绩在家长心中就如同收成一般重要，无法回避。庄稼地里的小苗其实天生良莠不齐，只是看上去一片葱绿，很难立刻分辨出哪些是稻，哪些是稗。对孩子的了解与培养，需要家长具备足够的智慧，设定合理目标，并因材施教。

能生出什么样的娃，性格、长相、身高、智商如何，健康与否，好像皆靠天赐。当然，对孩子而言，投胎也是个"技术活儿"：生在什么样的家庭，有什么类型的父母，无法预知。太多时候，"别人家的父母"也是孩子们心底的白月光。

既然生孩子如同开盲盒，父母和孩子都无法选择对方，那么孩子有缘来到你家，作为父母的你，可以完全接受和珍爱孩子吗？哪怕孩子不像你期待的那样聪明和勤奋，甚至总是给你添乱。人们往往喜欢仰视那些出类拔萃的人，但大部分人只是普通人，我们的孩子天生卓越的概率很低。即便内心知道自己的孩子平凡，又有多少家长还是不愿放下幻想，罔顾孩子的身心健康，盲目地逼孩子参与内卷？结果是当下抑郁和焦虑的人越来越多且越来越低龄化，让人很痛心。

严格来说，孩子成长为卓越的人的概率也许并不大，但我们的孩子获得幸福的概率却可以是100%。而只有愿意放下执念、智慧达观且不断学习与成长的父母，才能培养出身心健康并且能力卓越的孩子。没有身心健康，卓越就无从谈起。

教育是一场长跑，重要的是在最后冲刺的时候，孩子还有心有力。同样的学校，同样的老师，在智商差异不大的孩子身上，教育效果却大相径庭，这可能是由于父母的教育模式不相同。孩子早期生长环境的差异，使得孩子的成长经历与人生体验有着巨大差异，因而，家庭教育对孩子的影响远胜于老师对孩子的影响。究竟是让孩子过早地用全力，耗尽对学习的兴趣，以致人生都过不好，还是讲究长线布局，用无声无息的方式，科学地为孩子创造良好的环境，让其浸润其间，实现最好的自我？从这个角度看，父母的认知与选择决定了孩子的人生高度。

学习虽苦，但父母如果用对方法，孩子是可以爱上学习并快乐学习的。作为心理教育工作者，我一直都在探寻与思考：家长用什么样的方法才能唤醒孩子的内驱力，让孩子爱上学习，快乐学习，并最终成为最好的自己？

谈到如何让孩子爱上学习，内卷是当下难以回避的话题，非理性、非必要的竞争或"被自愿"竞争对人的负面影响很大。家长们真正需要看清的是自身的焦虑，以及自己的盲目。

其实，父母如果放下焦虑，不断提升自己，用对的教育方法，孩子就可以身心更健康，学习更快乐，日后也更出色。"幸福的人用童年治愈一生，不幸的人用一生治愈童年。"幸福感是人生最大的动力，放下虚荣、忧虑和高标准，学习如何给孩子更多的鼓励与爱，学习时时给孩子支持与力量，让家成为温暖和充满爱的地方，这样的父母才是好的父母。

第一章

越急于求成越不成

第一节
平和的你，是孩子最好的起跑线

绝大多数家长都会在学习上跟自己的孩子斗智斗勇，费尽心思，做各种努力，以求孩子获得更好的成绩。心理学认为，孩子学习成绩的差异，很大程度上并不是由智商的差异决定的，家庭环境以及孩子与父母的关系，才是问题的关键。比如，我们都知道，成长在幸福家庭中的孩子，大部分人的学习和生活都比较顺利，而有严重的心理问题或者学习成绩比较差的孩子，成长在充满争执或离异家庭的比例更高。

我在咨询工作中还发现，孩子有时候会用自己的学习成绩来调整自己和父母的关系。比如，父母都非常忙，经常忽略孩子，孩子在潜意识里就会刻意让自己出现一些状况，用生病或者很差的考试成绩来吸引父母的注意力，这样父母就不得不关注孩子。还有的孩子，因为对父母的强烈压制感到不满，会故意弄出一些特殊状况，让老师把家长叫到学校谈话。他们喜欢看家长在老师面前尴尬的样子，享受反抗成功的感觉。还有一种常见的现象，夫妻关系不好的家庭，孩子甚至可能用学习成绩来控制父母的婚姻选择。父母的婚姻关系濒临破裂，如果孩子的考试成绩出现大问题，父母就会被迫一起去关心孩子，以让孩子的成绩提上来。相信在大家身边，本来早已彼此厌倦、失望甚至是痛恨的怨偶，为了孩子的学习与前途，选择忍耐而不离婚的家庭并不少见。

家庭系统问题和孩子学习成绩的关系是非常密切的。我们先假设你的家庭系统并没有给孩子的学习拖后腿，在这种情况下，我们做家长的，如何对孩子的学习起到真正的推动作用，让孩子爱上学习、快乐学习呢？

鉴于近年来家长中非常流行一种认识——不能输在起跑线上，那么在正式谈论如何让孩子爱上学习、快乐学习之前，请大家思考两个问题：

第一，在你心里，什么是你认为不能输的那条起跑线？

第二，你要孩子跑到"哪里"去？

先给大家讲一个输在起跑线上的孩子的故事吧：

有这样一个男孩：从未接受过专门早教；小时候当过一年多的留守儿童；换过六七个幼儿园；因为太淘气，上学前班时不得已去了私立学校，上学前认识的字不超过100个；在三年级时转到公立小学；低年级期间，发现抽动症症状，喝了3年中药进行治疗；和妈妈在北京生活，妈妈平时工作很忙，爸爸常年在外地工作，多年缺席孩子的成长；在小学阶段非常淘气，是一个让老师非常头疼的孩子，被列入班里的"四大金刚"，无论大会还是小会，被批评的名单里一定有他，他的妈妈几乎天天被老师叫到学校谈话；小学阶段业余时间只学习有关钢琴和体育的课，从未学过奥数，从没上过"坑班"，直至小学毕业，连《新概念英语》第一册都没学过；小学毕业时直接被派位到普通学校，又因为出国旅行没参加分班考试，于是整个初中3年，他都在北京西城的一所普通中学里年级平均成绩最差的班学习。这个孩子是不是传统意义上的输在起跑线上的孩子呢？

后来这个孩子究竟怎样了呢？他变成一个狂热地爱学习、自律、人见人爱的好学生啦！学习、运动、才艺、辩论等方面，样样出色，初中阶段成为"北京市三好学生"；初高中的六年里，年年是区、校三好学生、优秀班干部；各科的学习都很扎实，尤其"数理化"学得非常轻松，升入高中后物理和数学考试时常得满分。他并不是身上有多少光环、多么卓越的孩子，但他是健康快乐、极其热爱学习的男孩，是大家眼中公认的充满正能量的"别人家的孩子"。他在国内的一所"985"大学读完工科后，进入一所世界名校读硕士，其间，他一直热爱学习，并且生活得很快乐。

是的，您猜对了，他就是我的孩子小文。我用浸润式教养法，把一个传统意义上起点不高的孩子培养成了一个热爱学习且成绩优异的孩子。

什么是浸润呢？它与灌输是两种完全不同的方式。灌输是强势的、带有入侵性质的，而浸润是含蓄的、温和的、无声无息的。父母给孩子的爱与教育应该是浸润式的，而非灌输式的。润物细无声，细微处见精神，父母将爱与教育融入日常的生活，最大限度地降低孩子的对抗情绪，慢慢地就会对孩子产生积极和深远的影响。

来书里寻找方法的家长都是爱孩子、爱学习的高素质家长，相信您在自己孩子小的时候就在很多地方做得比我好，您的孩子的起点或许比我的孩子起点高。这样一对比，您还会没有信心把自己的孩子培养好吗？

回到上面提到的问题：在你心里，什么是你认为不能输的那条起跑线？你要孩子跑到"哪里"去？

有些夫妻在备孕期就开始做各种育儿准备，怀孕期会认真做胎教，孩子一生下来，就在计算距离高考的天数。我曾听一位老师讲，她的小孙子刚出生几天，就有人建议去上早教课，说是不能输在起跑线上。有些孩子刚满月，就开始每周去上课。大家都想赢在起跑线上，于是很早就开发孩子的智力。但你仔细想想，这样真的是赢在起跑线上吗？

不是的。为什么不要急着抢跑？因为当你急着出成绩时，你的心态会变。而没有了稳定的心态，"动作"就会变形，也就是说，你的教育行为就会发生偏离甚至扭曲。

我个人认为，起跑线可以重新定义。它应该基于以下事实：**你爱的是你的孩子本身**。你爱他本身超越他以外的一切东西，你爱的不是学习成绩好的孩子，爱的不是给你带来荣耀或利益的孩子，爱的是他本身。

家长给孩子创造的真正的起跑线是：**脚踏实地、平和的你自己**。父母只有秉承这样的信念，教养孩子的方式才可能是浸润式的。父母只有心态健康，才不会盲目跟风，不会吹毛求疵，不会急功近利，不会拔苗助长，才会在孩子需要支持的时候，成为孩子成长路上的助力而不是阻力。

第二个问题：你要孩子跑到"哪里"去？说白了，你要培养一个什么样的孩子？考上名校？升官发财？光宗耀祖？还是超越父母？对于我们无比珍视且充满期待的孩子，你对他们的未来有一个清晰的想法吗？

无论是做一个项目，还是做一个产品，我们都要清楚自己需要的结果或者成品是什么样的，需要的功效和性能是什么。既然教育孩子没有回头路，那么对于这件大事，你是否有过明确的目标呢？作为家长，我们施加影响的时间段是孩子18岁之前。抛开运气和机缘等不可控的因素，结合孩子的天分和能力，你希望自己的孩子在18岁时是怎样的状态呢？根据自己的目标一步步倒推，你就知道每一步该怎么做，思路自然也就清晰了。

作为一名心理咨询师，我希望小文长大后成为一个身心健康、脚踏实地、德才兼备、生活幸福的人。我想在这一点上，大家和我的目标是一样的：培养一个身心健康、生活幸福的孩子。

具体到对孩子学习的期待上，我很早就设定，小文在高中阶段能身心健康、快乐学习、成绩优异。小文选择在公立学校学习，作为家长，我们希望小文在我们的陪伴下，可以愉快地读公立高中，并且上大学之后还能继续热爱学习，快乐地生活，努力成为最好的自己。后来，这些目标都顺理成章地实现了。

然而在生活中，我们经常见到这样的现象：有些孩子在小时候很优秀，"语数英"三门课甚至经常取得满分成绩，但到了高年级，成绩却不断下滑，状态也越来越游离。一个孩子在小学和初中阶段学习成绩有多好，都算不得真正学习好，我们要培养的是到高中甚至到大学还依旧热爱学习、成绩优秀的孩子。从这一点来讲，所谓"不能输在起跑线上"其实是个伪命题。

归根结底，真正不能输在起跑线的不是孩子，而是我们自己，脚踏实地、心态平和的我们是孩子的最佳起跑线。而我们真正的成功，就是培养出的孩子在长大后能够身心健康、自食其力，成为对社会有贡献的人。

第二节
拥有生活的甜，才吃得下学习的苦

我之所以能够在陪伴孩子成长的路上一直保持开放的心态和十足的耐心，得益于我在孩子3岁时开始从事心理咨询工作，这让我一直在专业培训与学习中不断成长。在陪伴很多人走出痛苦的过程中，在见到那么多自身非常卓越的人在教育孩子方面遭受失败后，我清晰地看到作为家长的他们，是如何在平淡的日常生活中不断地用错误的方式对待孩子，一步步消耗孩子的生命力，直至把孩子变成内心伤痕累累的问题孩子。我从中不断吸取教训、不断累积经验，力求使自己的教育理念更切合实际。我认为，将一个孩子从出生培养到高中毕业，孩子还保持身心健康，这样的家长已经是少有的、非常成功的家长。从某种意义上来说，的确如业内很多人认为的那样："没有问题孩子，只有问题家长，孩子的问题几乎都是由家长制造出来的。"

有一点，我想大家都深度认同："人的身体健康是1，其他事情都是0。"那么心理健康呢？心理健康其实跟身体健康一样重要。作为家长，我们一定要尽可能地避免让孩子过早、过分参与内卷。当你推着孩子过早内卷，可能就等于你已经在起跑线上放弃了。因为人如果持续处在高压状态，必然疲劳和焦虑，不断透支心理健康，直至造成令人懊悔甚至难以挽回的伤害。

作为家长，我一直努力去做的，就是在孩子还待在父母身边时，尽可能多地让孩子体验生活中的甜。学习是孩子自己的事情，家长的角色是加油站。无论孩子的考试成绩如何，我和孩子爸爸一直觉得他很棒！考好了，为他喝彩；没考好，就好好安慰他，给他鼓劲儿。考得不好，孩子不会担心父母责怪。无论如何，我们都要先保障孩子身心健康，因为身心健康是奠定人生幸福的基石。在学习之外，家长们需要做的事情其实还有很多。

一、完全接受你的孩子，并告诉孩子你爱他

接受，意味着人已经成长。人生中绝大部分的痛苦，几乎都来源于不接受，或者不被接受。亲子关系经营的难点在于，父母和孩子既无法选择彼此，也不能与他人交换。

父母无法选择孩子。孩子出生了，性别、长相、智商、性格，好像皆靠天赐。既然无法选择，接受就是最好的选择。每个人都需要爱和认同，当孩子来到你的生命中，无论他跟你的期待差距有多大，你都要完全接受他，并且要经常认真地告诉他："孩子，我爱你，感谢你来到我的生命中，你就是爸爸妈妈理想中的孩子！我爱你，不是因为你的表现，而是爱你本

身。"这样做，你就已经少走很多弯路，预先规避掉许多问题，妥妥地占到先机了。

我曾经在怀孕期间出国旅行。在国外时，B超医生告诉我，我怀的是个女孩。所以在孩子出生前，我以为我的宝宝会是个可爱的小女孩，想象着把她打扮成漂漂亮亮的小公主的幸福画面。当孩子出生后，医生告诉我是男孩时，我心中的小公主梦一下子破碎了。好在我们全家都调整得很快，马上接受了他，觉得男孩子也很好。

小文小时候是个类似"马小跳"那样的无比淘气的小孩，但我们经常告诉孩子我们爱他，他是我们所期待的最好的孩子。即便如此，从幼儿园到小学三年级，小文还是会就这个问题求证于他爸爸和我："我是不是你们想要的孩子？"我们每次都斩钉截铁地说："是的，你就是我们想要的最好的孩子！"每次求证得到肯定的答复，他都会显出心满意足的样子，甚至我看得见他眼里的光。现在回想起来，可能是因为他刚上学时过于好动，在学校被打压和批评得太多，很不自信，所以才会自我怀疑。当得到爸爸妈妈的肯定与爱时，他内心的力量感和安全感就大大增强了。小文小时候曾讲他自己出生的故事："爸爸妈妈结婚后很开心，有一天，妈妈想要一个孩子，就对着天上大声喊。天上掉下来一朵花，妈妈吃了，就生下了我。"这时候，爸爸会很认真地作补充："当时是爸爸和妈妈一起喊的。"那一刻，我觉得小文的爸爸特别可爱和给力。

即使表面上看起来很阳光的孩子，内心也会有强烈的不确定感，孩子需要确认自己是被无条件接受的，是被爸爸妈妈爱的。

父母对孩子的接受是孩子建立自我认同、爱自己的基础。现实中，有太多活在痛苦状态里的孩子，他们内心都认为自己不被接受，不值得被爱，因为他们的父母从没有对他们说过接受与爱这样的话。所以，不仅仅在孩子年幼时，在孩子的初高中阶段，父母也都要经常坚定地对孩子说："我爱你，你就是我理想中的孩子。"这样，我们不但可以更好地跟孩子相处，而且可以在无形中规避一些重大隐患。

二、要有强大的包容力

你爱孩子吗？还是只需要孩子带给你的虚荣感？如果你爱孩子，那么作为家长，你就需要具备强大的包容力。包容力是指你对孩子的接纳程度，尤其是对他的缺点的接纳程度。哪怕你的孩子再普通，无法带给你荣耀，甚至经常闯祸让你收场，你也应尽量心平气和，包容并帮助孩子渡过难关。很多问题原本是孩子成长道路上的常见问题，比如，小时候淘气、专注力不够、不自律、犯很多错误。其实对于一个正常孩子来说，出现这些状况都是不足为奇的，甚至是必然的，重要的是你处理这些问题的方式。你所采用的方式不但会影响孩子的意志力和对生活的看法，还会影响你们的亲子关系。孩子日后喜欢你还是厌烦你，很多时候都与你对待他的方式有关。在孩子成长的过程中，亲子关系非常重要。

是否有包容力体现在当孩子让你失望甚至给你带来麻烦时，你所做的选择。比如孩子考试失利、遭到老师批评时，你是选择给孩子施压，还是选择和孩子并肩作战？在现实中，我们观察到，有相当多的家长在孩子给自己带来麻烦时，第一反应是批评甚至严惩孩子。家长往往自己先情绪失控，进而将负面情绪宣泄在孩子身上，这成为孩子最大的压力和噩梦。遗憾的是，很多这样做的家长自我觉察能力不高，还常常觉得自己已经非常宽容了，认为自己是站在孩子一边帮助孩子的。殊不知，他们的每一句话都给孩子带来了强力的打击。

心理训练小游戏

情景想象：

你的孩子在学校惹事了，老师请你去学校谈话。

想象及思考这个过程，并记录下来：

作为家长，接到老师的通知后，你的第一反应是什么？你的情绪是怎样的？可以用3个词来描述。你对老师说了些什么？去学校的路上你的状态是怎样的？到了学校发生了什么？你对孩子的表情是怎样的？你对孩子做了什么？之后又发生了什么？

接着再进行换位思考和体验：

> 看一下你的记录，认真复盘一下这些细节，然后做个深呼吸，把自己抽离出来，想象这件事发生在别人身上，你只是旁观者。从这位家长的表现中，你看到了什么？你的感受是什么？你觉得这位家长做得好的地方在哪里，做得不够好的地方又在哪里？你注意到孩子是怎样的反应了吗？
>
> 再做个深呼吸。想象当下你是那个犯错的孩子，把自己代入情境中，你清楚地看到你所面对的家长，而家长此时此刻用刚才的态度来对待你。用心体会你在整个过程里的感受。
>
> **请回到现实：**
>
> 深呼吸，转移一下注意力，随便说一句与此无关的话来转换状态，然后再回来思考。
>
> 此刻你的感受是怎样的？你觉得家长给孩子带来的是什么？在孩子心中，你是怎样的家长？当你采取这样的方式处理问题时，你带给孩子的感觉是什么？你觉得孩子面对你的处理方式，之后是更有力量了，还是压力更大了？

三、温和的态度、有原则的爱，让浮躁的孩子慢慢稳定下来

很多人诧异，为什么小学阶段在老师眼里顽劣不堪的小文，一进入中学，就突然变成了温文尔雅、勤奋好学的学生？其实这种转变并非一朝一夕而成，而是在漫长的岁月里，孩子

在家长的爱中慢慢浸润的结果。这依赖于家长在温养的基础上接受孩子，以平和之心加以包容。怎样才算温养呢？温养指家长对孩子包容、爱护，是一种恒久温润的正面教育。

实际上，孩子在小学阶段的所谓淘气，都源于他的浮躁和自制力差。过于好动的孩子时常无法遵守学校诸多严格的要求。

从幼儿园直至小学毕业，这九年里，无论小文犯了什么错，无论老师找我谈过几次话，我一次都没有批评过小文。他的小学同学经常问我："阿姨，他都这样了你都不打他？"我每次都笑着说："是的，不打。"孩子们都会投来羡慕的眼光。某次写作文，小文写到父母时，说自己家里有慈父严母，老师和同学质疑道："你妈妈还能算严母？那你爸爸是怎样的？"小文说："是的，我妈妈对我严格，我爸爸对我很宽容，也不啰唆。但有时候，我跟爸爸提出些不靠谱的要求，他也会果断拒绝我。"生活在有原则、有爱的家庭里，孩子是很幸福的吧。

在那几年里，每次遇到被老师叫去学校的情况，我都不会觉得孩子让我没面子，更不会嫌弃孩子给我添麻烦。我每次都会先耐心地听老师说完，然后跟老师说："我知道了，我再跟孩子了解一下情况。"见到孩子，如果他很紧张，我会先安抚他的情绪，再平和地问他发生了什么事。我从来不会因为别人的投诉而直接批评他，总是允许他表达并认真倾听他的话。因为觉得我是安全且公正的，所以他基本上不会说谎。接下来，我们会认真地讨论发生了什么事，对方的责任在哪里，他自己的责任在哪里，明确老师是否有弄错的地方。于我而言，引导他明辨是非、承担责任是首要任务，其次才是讨论解决问题的方法，让他去实施。对于补救措施中他完成得及时且好的地方，我都会给予肯定。

周而复始，我们的态度始终如一，孩子在这个过程中一直被呵护着、培养着。孩子的自控力的养成是一个漫长的过程，走对了路，效果日日累积。直到有一天，量变引起了质变，"马小跳"变成了儒雅、靠谱的少年。

小文小时候的淘气程度真的会让大多数人抓狂。在公立幼儿园大班时，他就在班里闹得学不下去了，恰好附近新开的私立学校有学前班，他就转去那里。转学后，班里学生少、老师多，3个老师负责不到20个孩子。尽管如此，小文有时也被罚在课桌边站一会儿，因为只有这样，老师才能正常上课。小文在小学阶段经常挨批评，但他从来不怨恨老师，因为我一直跟小文强调，要学会分开看问题。我会耐心地和他分析，不是他本人不好，而是他不守纪律的行为不对，谁这样做都得挨批评。小文每次都觉得自己该被批评，所以从来不觉得委屈，等批评一结束，他立刻就阳光灿烂，仿佛有种浇不灭的热情。

小学六年级时，有段时间小文很想控制自己，尤其是改掉上课接老师话茬的毛病，于是特意来请教做心理咨询师的我。我给了他一个小建议：课堂上忍不住想乱接话茬时，右手大拇指和食指用力捏在一起，要用力，心里想着：捏嘴！捏嘴！

小文认真地试了，然后反馈给我说："有时候有用，有时候没用，真是捏不住啊！"于是又问我该怎么办。我非常认真地跟他说，你在努力尝试，这一点就很了不起！不过肯定需要一个过程，自控力的培养本身就是"犯了再改，改了再犯……"这样不断重复的过程，你要学会看到自己的进步，每次进步一点点，直到最后稳定下来。既然你现在暂时还做不到完全管住自己，你就一定要把脸皮练得厚一点儿，这就够了。

我当时坚定地认为，心理健康是第一位的。自控力的养成需要一个漫长的累积过程，尚未成功之时，不可以"玻璃心"，一定要叮嘱孩子，把脸皮练得厚一些。

小文上了初中之后，好像一下子就变成了人人称道、老师喜欢的儒雅少年，这是所有人都没有想到的。他的小学同学说："如果我们的小学老师知道你现在这么儒雅，他们都会疯的。"从初中开始，他变得狂热地爱学习，珍惜时间，科科成绩拔尖儿；初中毕业时，他被评为"北京市三好学生"。进入中学以后，他很多时候都作为学生代表发言，荣获"优秀班干部""三好学生"等称号。小文上初中后，我再去学校，就成了老师和学生家长推崇的"别人家的孩子"的妈妈，所有家长都希望自己的孩子向小文学习，希望能跟小文多接触。小文在中学阶段和小学阶段反差之大，简直让人不敢相信。

其实这两个阶段的小文，我都觉得挺好。在我心里，每个阶段的他都一样好，一样可爱，和他一起成长的每一段岁月都是珍贵的、快乐的、美好的。

> **◦ 心理训练小游戏 ◦**
>
> **家长和孩子的关系快速升温的好方法：**
> 用一只眼睛看孩子的优点，另一只眼睛看孩子的缺点，然后捂上看缺点的眼睛。

四、带孩子认识这个世界的美好，教会孩子娱乐与休息

我们有缘做孩子的父母，带他们来到这个世界，那么，带孩子认识这个世界的美好，就是我们的重要责任之一。让孩子在成长的道路上保持身心健康、幸福快乐，对家长而言是非常重要的功课，而非好多家长以为的要比别人多学一些，那样只会让孩子的学业之路充满压力。还有的家长甚至认为高考考得好，才可以娱乐、庆功、快乐。事实上，探索与体验世界的美好也能不断给人生增添与积攒力量，一路看山，一路幸福。

（一）旅行

行万里路更胜于读万卷书。见识多的孩子格局更大，打破了固有圈层的孩子心态更健康。

旅行其实是件很自由的事情，家长可以根据自家的经济情况，尽量每年安排孩子出国或在国内旅行。如果条件不允许，周末或假期带孩子游览城市里的公园，或者是城郊的景点，同样能收获快乐。

我们夫妻双方的父母家都在外地，一南一北，所以每次带孩子回故乡看望老人权当是国内游。我们常去熟悉的地方旅行，最幸福的时刻就是和亲友们团聚。我们也常和亲友组团带孩子一起国内游。自小文五年级暑假开始，我们开始固定在每年暑假开展出国游，之后这个惯例一直坚持到小文上大学，平均每年带他去两个国家。多年来，我和小文去过日本、美国、秘鲁、马尔代夫、法国、希腊、德国等近20个国家。现在回头看，一定要带孩子见识世界的信念让我自己有机会游遍半个地球，真是幸运！要不是为了孩子，自己还真舍不得这些费用。每次出游回来，我们都有丰厚的收获，有新认识的伙伴以及各种新奇和快乐的旅途记忆。而每到春天，我们就开始寻找旅行的目的地和伙伴，憧憬美好的暑假。

令我记忆深刻的一件事是小文在六年级暑假去了美国和秘鲁，并在秘鲁住了一个月左右。回北京后的一天，他在楼下和小伙伴们玩游戏，小伙伴们一起数"1—2—3—4"，一个孩子突然用英语数起来，小文紧接着用西班牙语数起"1—2—3—4"，这让我感到很惊讶，也很开心。这件事让我明白，原来孩子在旅行中还会有我们意想不到的收获，而这也更加坚定了我们定期出去旅行的想法。

有段时间老师和我讲德国人严谨，小文有了大学毕业后去德国留学的想法，去德国旅行也被提上日程，小文中考后去希腊旅游，回来后特意去"北外"学了一个月的德语。高一暑假，我们去德国深度游，不但欣赏了美丽的自然风光，还深度了解了当地的风土人情。在德国，小文主动跟好几位来自中国的留学生交流。旅行回来后，他决定不去德国留学了，因为他觉得在那里生活太无聊，不适合他。

我曾问他："去过这么多国家和地区，日后你的蜜月旅行会考虑去哪里？"他认真思考后说去马尔代夫，认为安逸的环境更适合结婚旅行。我们曾一起去马尔代夫和希腊，两地都有极美的海景，马尔代夫的海绚丽多彩，有七种颜色；希腊的海则蓝得深邃。这些都给小文留下了深刻的印象。

旅行中令人震撼的自然之美，触动且滋润着人的心灵。我想，北海道的海水、伊亚的落日、挪威的森林、亚马孙丛林里的原始部落，类似的异域美景会永远印刻在孩子心中。

关于旅行这件事，我从不拿来跟孩子的学习成绩挂钩。考好了，出去玩庆祝一下；没考好，出去玩散散心。好多家长怕孩子惦记出去玩，学习会分心。怎么会呢？旅行明明是更有深度的学习。平时按部就班地勤奋学习，假期过得精彩，这是一种良性循环。我也跟小文认真谈过，我们不比身边其他家庭经济条件更好，只是更相信"读万卷书，不如行万里路"。

旅行在孩子的生命中留下的印记与幸福感，直到孩子成年仍清晰可见，会影响他日后的思维模式、生活方式等，这种经历可以成为一生的财富。

（二）看演出

大家都知道开阔视野和热爱生活的重要性，都希望孩子成为有见识的人。但是孩子一上学，尤其年级稍高一点儿，很多家长就改变了想法，生怕孩子学习成绩不出色，开始很功利地安排孩子在周末和假期的活动。他们认为紧紧围绕主科学习才是正途，顶多支持孩子去图书馆看书，另外再学个才艺就够了。事实上，在孩子们的想象力和形象思维占主体的阶段，结合艺术的各种演出活动才是最适合孩子欣赏的。在轻松愉快的氛围中，在不背负压力和目的的前提下，参加各种文艺活动，是打开孩子心灵、开启孩子智慧的重要途径。孩子的假期，不应用来补课，而应用来拓宽视野和认识世界。另外，定期带孩子去观看各种演出（乐器、戏剧、歌舞等），参加游园会、诗会、茶会，看电影，参加公益活动，等等，都是非常好的选择。如果孩子之后能将其延续成自己一生的习惯，那他的生活一定是丰富而快乐的。

（三）参加集体活动

互联网时代，孩子们在虚拟世界里停留的时间越来越久，因而愈发孤独，导致在现实世界与人相处的能力下降。进入中学后，非常多的孩子出现学业进展受阻的情况，这跟孩子的人际关系与情绪方面出现问题密不可分。家长应重视起来，在孩子的小学阶段就有意识地鼓励孩子多参加集体活动，尽可能多地给孩子创造参加集体活动的机会。比如，组织各种形式的家庭聚会、生日会、露营等；安排孩子多参与各种集体游戏，也可以教孩子们玩家长童年玩的很多体育游戏、野外真人CS（竞技）等；组织一些联欢会和表演活动，春节可以举办家庭联欢会，平时可以和孩子排练小节目，组织集体表演等，还可以训练孩子做小主持人。

（四）强调并教会孩子休息

很多家长一直强调孩子要学会奋斗，但是并没有意识到充分休息也是一件极其重要的事情。当下很多人出现各种心理问题和身体疾病，其中一个重要原因就是不会休息。还有相当多优秀的人是不允许自己充分休息的，甚至一旦休息就有强烈的负罪感。近年来频频出现的高管、专家过劳死现象，说明有越来越多的人陷入焦虑、忙碌的状态，这都和不会休息有关。

家长一定要经常跟孩子强调休息的重要性，帮助孩子养成注重休息的好习惯，让孩子学会科学地休息。张弛有度才是文武之道。学习时要认真投入，休养时要吃好、睡够，这样，孩子才能够持续健康发展。

具体的建议有：要养成好的睡眠习惯；上学时，课间一定要休息，可以喝水、去卫生间，活动一下身体，转移一下视线。很多看似微不足道的细节需要认真执行直至养成习惯，比如看书或看电子屏幕20分钟要转移视线远眺，坐1个小时必须调整姿势或者起来走动，等等。我们成年人大多有双休，每天工作8小时后可以休息；孩子们在学校上了一天课，回到家还有大量的作业要写，甚至很多家长还给孩子加课，剥夺孩子的休息时间，这种行为本身就是在扼杀孩子的健康。没有健康体魄的孩子是走不远的。另外，很多人累了，会通过打游戏、看电影等方式来缓解疲劳，殊不知，最好的方式是睡觉，是充分休息。

（五）培训

对孩子的培训，不应局限于功课，交友、恋爱、与人相处、公共场合的表达、理财、性教育等方面的培训，需要家长来安排完成，这些方面的能力会极大地影响孩子的生活和学习，也关乎孩子一生的幸福。家长认识到要由自己来给孩子培训以帮助他提升能力时，首先要去学习和提升自己，然后再亲力亲为或者寻求资源来对孩子进行这些方面的教育。

我们不提倡大量补课，因为那样会侵占孩子的休息和娱乐的时间。

（六）享受美食

可能因为我本人是个吃货，热爱美食，所以在吃这件事上，我是下了很大功夫的。对我来说，做美食不但能保证孩子的营养，也是生命中幸福的事。小文从小体质比较敏感，脾胃又不好，在吃上比较挑剔，不合胃口的食物就会吃得很少，所以我就会想办法烹制各种适合他的美食。孩子觉得学校的午餐盒饭不好吃，于是我就努力在早晚餐上保障孩子的营养。小文在早上尤其不爱吃东西，所以我每天都会早起，准备好几种美食，餐桌上总有他喜欢吃的东西，摄入身体需要的营养也就不是问题了。

在享受美食的时候，家长也可以趁机向孩子介绍各地的文化，讲一些美食故事，这也是一种学习。小文五六年级的时候，美团、大众点评等平台兴旺发展。有很长一段时间，我会团购各种口碑不错的美食，每周末都带他去不同风格的餐厅品尝，我选择的美食都好吃不贵，兼顾了口味与营养。因为享用各种美食，那段岁月充满着惬意和快乐。

（七）会玩

家长如果希望自己的孩子成为热爱学习的"学霸"，就必须做到重视孩子的身体、情绪、学习过程和习惯等超过重视成绩，尤其是要会带着孩子玩。

因为在咨询中接待了太多网络成瘾的孩子，所以我很早就想方设法避免孩子陷入网瘾，格外重视和孩子的良好互动。我一方面多关心孩子，一方面用生活中诸多有趣的游戏来削弱孩子对网游的迷恋。

生活中，基本上除了玩网游是我不大认同的，其他的游戏和活动我都大力倡导，尤其鼓励孩子参加跟人合作的游戏。除了定期旅行、集体游戏，可以玩的东西还有很多。小文小时候有很多玩具。少年时期，很多运动项目他也都积极参与，如跆拳道、游泳、排球、篮球、羽毛球、击剑。小文在高中还特意学习了自由搏击，高考完开始健身。各种棋类游戏（跳棋、围棋、五子棋、军棋、国际象棋）、扑克、麻将等，小文也有涉猎。可以说，一路走来，他的生活一直充满乐趣。

我觉得在孩子的教育中，我和其他家长最大的区别在于，我在培养孩子"玩"这方面下了极大的功夫。小文的生活一直充满乐趣，这也是进入中学后的小文能够爆发出强大的内在学习动力的原因之一吧。

学习的道路充满苦涩，生活不快乐的孩子在学习的道路上走不远。只有体验足够的甜，快乐地成长，才可能爱上学习的苦，才可能以学习的苦为乐。内心快乐、有幸福感的孩子走上社会后才能散播爱。

第三节
只有方法对了，结果才不会背离初衷

一个学生如果学习习惯好，有足够的专注力、耐力和自学能力，又热爱生活，那么学习成绩好其实是必然的。家长如果觉得自己做了很多，但孩子不但成绩不好还厌学，甚至出现了心理问题，那么请检视一下自己的方法，因为只有方法对了，结果才不会背离初衷。

大家可以思考一下自己目前对孩子学习习惯和生活习惯的培养方式是不是对的。当然，这一点很好区分：一是看效果，你的孩子现在的学习习惯怎样，生活习惯怎样，状态怎样；二是如果你觉得特别辛苦，孩子在学习和生活上都存在困难，那么就可能是方式不对。对的培养方式是轻松愉快的，让大家都感到很舒服。

很多家长自以为是地去操控孩子，达不到目的就生气。其实我们要反思，教育这么大的事情，我们有学习过吗？我们并不是生出了孩子就会教育孩子，我们在这方面花过多少心思？花的心思、走的路都对吗？我们要请教那些取得成功的过来人，要做明白人，而不是被局面拖着走的人、被我们共同制造出来的焦虑淹没的人，这样我们才可能教育出一个身体和心理都健康的孩子。

一、家长在孩子学习中起到的重要作用

（一）以身作则

身教胜于言教，父母的习惯会对孩子产生直接影响。事实上，很多家长说一套做一套，这就给孩子造成困扰。比如，家长跟孩子说要勤奋，然后自己打麻将、玩游戏，或者每天追剧；跟孩子说"我下班累了，我要歇一会儿"，你有没有想过孩子也在学校上了一天学？父母的习惯对孩子的影响是非常大的。家长们需要问问自己：我是否愿意在孩子身上真正地、科学地下功夫？很多时候，我们的行为和我们教育孩子的初衷是背道而驰的，这一点大家要重视。你在下班后做什么，对孩子的影响非常大，有时候会决定孩子在放学后是否还愿意花精力继续学习，因为他并没有看到你工作时的状态，只看到了你在家的状态。

（二）不再操控

说到学习习惯，我们还要分析一下我们的目标。你觉得孩子成长为什么样算培养成功了？考上"清华""北大"就是成功吗？我们倒着来分析。比如，我希望我的孩子能成为最好的自己，能够婚姻幸福、身心健康、工作顺利，有成就。我想这是绝大部分父母希望孩子达成的目标。我们身边有那么多找不

到自我的人、那么多不快乐的人，他们的状态都跟父母设立的目标有很大关系。放下那些虚荣的东西吧！假如孩子成长到18岁就离家单飞，18岁时，你希望他是一个怎样的人？是一个出现问题就需要你来帮助解决的人，一个一直要靠你来指挥和教导的人，还是一个自主、自律、积极的人？这其实很好选择。我们都想要后者，这就清晰地指明了方向：孩子的所有优良习惯都需要我们帮助他养成并引导他主动坚持。

在培养孩子主动学习的习惯并愿意坚持习惯的过程中，最重要的就是家长要学会放下：放下你的指挥棒，不再操控孩子。

毕竟，在孩子的学习与生活中，家长的身份定位是辅助者，而不是主角。如同跑长跑，你是始终在路边为他呐喊助威的人，而不是亲自跑的人。"小幼"家长需要有意识地在孩子学习的过程中隐身，无论你做什么，都要以培养孩子为前提。在陪伴孩子学习时，你作为家长的重要角色是：孩子的加油站。

有的家长认为，自己要表现得负责任，就得随时监督孩子。在孩子写作业时，有的家长会在旁边监督，一发现孩子有错误，就马上提醒或者打断孩子做作业，用橡皮擦掉字迹，甚至大发脾气呵斥孩子。这是非常可怕又糟糕的做法。这样不但会干扰孩子，还会给孩子带来极大的压力，严重打击孩子的自信心，让孩子的安全感大幅下降。持续下去，这样的行为还会使负面情绪跟孩子的学习相关联，孩子的学习兴趣会降低，并养成随时分心的不良学习习惯。

（三）稳住情绪

有的家长一提到孩子的学习，就表露出焦虑情绪，显得忧心忡忡的。比如孩子刚上学，家长就开始焦虑他将来是否能进一个好的初中，忧虑他将来是否能进一个好的高中，于是平日里的所有言论都围绕这些话题展开。有的家长总是觉得孩子动作慢，总是抱怨、催促孩子，或者一见到孩子就不由自主地焦虑和唠叨。这些焦虑会在不知不觉中传递给孩子，无形中给孩子带来极大的压力，既会破坏孩子的学习兴趣，还会把孩子的学习动力和目标弱化。家长们要自查，不要将负面情绪跟孩子的行为挂钩，要注意调整好自己的情绪。

最重要的是，家长们一定要对自己的状态有所觉察，对自己在辅导孩子学习这件事上有一个更精准的角色定位，因为这决定了你对孩子实施教育的效果。你在孩子的成长过程中扮演什么角色？监督者，掌控者，还是助力者？相信大家都不愿意把负面标签贴在自己身上，但我们的行为确实在很多时候跟我们自己的想象不一样。

家长要学会以身作则，学会放下指挥棒，学会稳住情绪。要记住，孩子绝对不是靠我们监督才能变好，我们要相信孩子，并不断地给孩子提供训练机会，允许孩子不断尝试和犯错误，直到孩子渐渐站稳。请记住，孩子的成长过程就是一个练习的过程，不要对孩子一时的对错太在意。

二、孩子的生活习惯会影响学习习惯

在家里生活不规律的孩子很难适应学校生活,因为从小养成的生活习惯,会直接影响学习习惯。在孩子上幼儿园之前,家长要让孩子学会自己穿脱衣服、自己吃饭、自己大小便,等等,这样孩子才能更好地适应幼儿园生活。幼儿园阶段,重点就是要为孩子适应小学生活做准备。有些家长在孩子小的时候不注意培养他们的生活习惯,放任孩子,比如自由吃饭,家长追着喂饭,或者照顾过于周到,什么都代替孩子做,这些行为不但影响孩子的学习习惯,也会弱化他们的学习能力。因此,比较有智慧的父母很早就开始在孩子吃饭、睡觉、日常生活与学习等各种事项上,培养孩子的动手能力。因为这些细节上的轻微差异,经过日复一日的累积,会造就孩子巨大的能力差异。当然,家长的行为要建立在孩子健康和愉快的基础上。

说到底,**好的学习习惯,就是按部就班地生活**,该干什么干什么:上课认真听讲,课后认真复习和预习,认真完成作业,把不会的问题搞懂;完成学习任务后,可以尽情地玩。就像老和尚讲的故事,砍柴时认真砍柴,吃饭时认真吃饭。过好每一天,人生就是成功和幸福的。

一定要记住:成功的最快途径是按部就班。

下面具体来讲讲对孩子的学习习惯有重要影响的几种生活习惯。

（一）睡眠习惯

睡眠习惯直接影响人的专注力、耐力、情绪管理能力等。我个人的主张是：重视规律的睡眠。按时睡，不熬夜，尽量按时早起，但不必过于强制。周末可以偶尔睡懒觉，充分休息最重要。

1. 愉快起床

关于叫孩子起床这件事，我非常重视。一个人刚醒来的状态是非常重要的，因为这决定了他一整天是否有好心情。在叫醒孩子起床这件事情上，我下了很多功夫，尤其在孩子小学四、五年级时。我曾经设计了很多种叫醒孩子的方式，单是用各种音乐配合的，我就揣摩出十几种方法。比如：先是极轻柔的音乐，然后是轻松愉悦的音乐，接下来是略活泼的，最后是更有活力的……这样以渐进的方式，把孩子从深度睡眠调整到半睡半醒，再到完全醒过来，这样就能够保证他醒来的时候情绪特别饱满。

请大家一定要注意：第一，睡眠中的孩子是格外敏感的，切勿惊吓或吼叫，更不要猛然把孩子拍醒。孩子起床有个自然反应期，无论你多急都要有缓冲，注意循序渐进。第二，可以播放诗歌、故事、歌曲，无论你播放什么，都要注意播放的音量一定要从低开始，然后缓缓增大音量。如果我叫醒孩子的方式不是借由音乐而是其他声音，我一定会提前跟孩子打招呼，让他有心理准备。

很多家长都知道不要吓到孩子，但往往缺乏自控力。叫孩子起床，两次叫不起来，家长就大发雷霆。家长越训斥，孩子越生气，也就越容易反抗。其实我们可以想想：我们的父母叫我们起床时，我们的情绪是怎样的？我们有没有可能是在复制我们的父母对待我们的方式？我们可能从来没有考虑过这件事需要精心规划，所以对不起床的孩子充满批评和抱怨。针对孩子起床这件事，我们应帮孩子养成好习惯。

孩子起床的事情是要他自己负责的，所以我会提前跟孩子约定：我叫你的时候已经是你起床的最后期限，再不起，赶不上班车就要自己想办法去上学。所以我从来不跟孩子斗气。当孩子进入青春期后，我明白他会有起床气，所以更理解他。我一直建议他早起，如果他不愿意，我就尊重他。但他从来都能准时到校，这一点是很棒的。家长和孩子的责任与权益划分得越清晰，二者越不会在这些事情上角力，也就越容易相处。

2. 愉快入睡

睡眠容易受很多因素的影响，所以愉快地入睡很重要。家长尽量别在睡前训斥孩子、打击孩子，以免刺激孩子的情绪，也别让孩子过于兴奋。因为在睡眠时，大脑也是工作的。孩子有良好的睡眠非常重要。整个初中阶段，我对孩子的要求都是十点前准时睡觉。即使作业没完成也不要写了，睡眠第一。而小文每天都能很早完成作业，进入自主复习状态，即便面对中考，他也可以拥有充足的睡眠。

愉快地起床，愉快地入睡，这样一天的开头和结尾都是很愉悦的。日积月累，这样的睡眠习惯对孩子的正面影响是极大的。

（二）娱乐习惯

我们家有这样一个习惯：孩子上学期间，周日到周四晚上家里不开电视。孩子作业写完了，除了看电视、玩网游，干什么都行。到了周五、周六晚上，我们就鼓励孩子看电视，或者安排他出去看演出，强化周末一定要有娱乐和放松的习惯。我们也会强调熬夜的坏处，周末偶尔放宽，但能避免熬夜就尽量避免。平时和周末的区别要非常明显，到周日晚上再开始收心，这样就能慢慢帮助孩子养成什么时段做什么的习惯。所以小文在小学阶段，基本上在我回家之前作业就都完成了，剩下的时间可以自由支配，可以玩很多东西，他很开心，也乐于完成自己的事情，自控力也慢慢变得越来越强。家长要鼓励孩子玩，会玩的孩子情绪更好，也更能产生幸福感，在学习上也会更有热情。

还有一个很重要的习惯，就是开学前的准备：收心。很多家长在开学前都忙着让孩子补作业。事实上，假期作业是提前就要跟孩子沟通的事情。家长在孩子刚放假时就应与孩子一起制订计划，把作业均衡地分配到假期的每一天。在离开学还有半个月的时候，就要提醒孩子。在离开学还有一周的时候，再有一次明确的提醒。开学前一周就要进入半开学状态了，要准备好文具，娱乐和睡眠也要规律起来。家长可以请孩子吃一顿大餐，因为这预示着幸福的新学期要开始了。这些习惯养成后，孩子就不会被一些简单的事情拖着。在学业上，孩子也将比较轻松。

（三）思维习惯

1. 诚实守信

诚实守信是非常重要的品质，也是非常重要的习惯。培养诚实守信的途径是：言而有信，言出必行。如果你不重视这一点，孩子在日后的成长过程中就会遇到很多磕绊。是不是诚实守信，很大程度上决定了孩子未来发展的高度。

2. 观察身边的人，分享发现的优点

如果孩子可以养成一个随时发现周围人的优点的好习惯，他就会变得比较乐观，也可以获得更多福祉。家长鼓励孩子养成随时发现周围人的优点的习惯，并经常向孩子做这样的分享，能够帮孩子养成对事不对人的思维习惯，孩子也更容易适应不同环境并自得其乐。

3. 有主见

有一种习惯对孩子来说很重要，即对别人说的话都要验证，哪怕是父母说的话。很多人以为我比较有威望，孩子肯定听我的。其实不然。我很早就注重培养孩子有主见，即便是父母的话，小文也一定会思考，看适不适合他，这就是有主见。孩子有主见，父母也会很轻松。

| 第二章 |

功夫用在无声无息处，
高明的教育是浸润式教养

> **第一节**
> **功能缺损的家庭对孩子学习的影响**

　　我是一名心理咨询师，因此被带到我面前的孩子多半被父母或老师定义为"问题孩子"。但在工作中，我看到的真相是，绝大多数问题的根源并不在孩子，而在父母。我一看孩子的现状就可以推断，近期这个孩子的家中大概发生了什么事情。有句话说得可能有点儿绝对，但很有道理：所谓问题孩子，其实不是孩子有问题，而是父母有问题，是家庭系统有问题。

　　家庭功能是否健全，和孩子学习成绩的好坏密切相关。当下，很多家庭都存在功能缺损的情况。比如家庭内部充满焦虑、压力，父母因忙碌而忽视孩子、以金钱代替爱与陪伴，父亲或者母亲在位缺席或角色缺失等，这些都会影响孩子的学习和精神状态。

一、家庭内部充满焦虑、压力

一个平时情绪稳定的孩子，如果在某段时间突然发生了很大的改变，比如躁动不安、淘气、对抗老师、易被激惹、成绩明显下降，甚至屡屡与同学产生冲突等，很可能是因为他的家庭出现了问题。如果有机会去了解他目前的家庭关系，你很可能就会发现，这个孩子身处的家庭存在以下一种或几种情况：

第一，父母之间最近争执得很厉害，经常爆发争吵，甚至动手打架；

第二，父母处于冷战期；

第三，父母有一方处在非常暴躁或者忧郁的状态；

第四，孩子最近经常遭受非常苛刻的训斥，甚至打骂。

孩子有灵性，对周围场域的暴力、压力以及愤怒等，都有超强的感知力。孩子越小越敏感，面对来自家庭内部的暴力与高压的冲击时，所受伤害也越严重。当一个家庭内部处在父母对抗形成的高焦虑和高压力的状态下时，孩子是无处可躲的，只能被动承受。承受这些超负荷的压力，势必给孩子幼小的心灵带来持续的、巨大的伤害。孩子往往最无辜，虽然孩子不是参与者，但是至亲的人之间存在情绪的对抗，身处其中的孩子如同身处硝烟弥漫的战场，环境变得无比恶劣。如果孩子的情绪无法表达，无处释放，他就会感到无所适从，其行为也会表现出异常。孩子如果感觉像待在一座危楼里，又如何能安心地好好学习？可以想见，处在这种状态的孩子难免有严重的情绪问题和心理负担，是根本无心好好学习的。当然，长期生活在这种家庭系统下的孩子，也有可能形成沉默、畏缩的特质，养成自我封闭的性格。

所以，当你觉得自己的孩子变得躁动不安或让你觉得极其不可爱时，请检视自己家庭的氛围以及各成员之间的关系：你们的关系是和睦的吗？你们经常争吵吗？你们冷战吗？你们平常过得快乐吗？你们的情绪稳定而正常吗？你或者某个家庭成员经常责骂孩子吗？在家庭中，我们势必要通过相互理解和磨合来平衡各自的利益，以让大家生活得更幸福，但在这个过程中，要注意妥善处理问题，切记不要让争执和对抗成为家庭中的常态，因为这些情况很可能会给你的孩子造成过大的压力甚至伤害。

二、父母因忙碌而忽视孩子，以金钱代替爱与陪伴

很多父母因忙碌而忽视孩子，以金钱代替爱和陪伴，经常把孩子交给老人或者保姆，使得孩子在心理上出现诸多问题，例如：有社交障碍、过于封闭、容易走极端、容易退缩、过分任性、生活习惯不规律、不适应集体生活，等等。近年来，有严重精神问题的孩子趋于低龄化。在家庭中，孩子不但需要父

母的爱，更需要与父母的深度互动，在成长过程中得到父母的引导。

当代人确实生存压力大，非常忙碌。很多父母忙事业、忙赚钱，往往让老人或者保姆来带孩子，但需要注意的是，孩子的成长只有一次，如果可以，父母尽可能不要忽视孩子，不要把孩子完全交给老人或者保姆来带，因为孩子生命中最重要的人是父母，孩子的成长离不开父母的爱。

长辈们有时间和精力而且愿意帮忙照顾孩子是好的，但也可能引发很多问题。祖父母辈往往年岁已大，常以上一辈人的旧观念对孩子管教，同时因为是隔辈人，对孩子容易溺爱，在教育的科学性和思想的先进性上大都不如孩子父母。对每个孩子来说，世上最重要的是父母，爷爷奶奶或者外公外婆的爱无法取代父母的爱与陪伴。所以，不能把孩子完全交给长辈来带。

很多父母因为忙碌，把孩子交给保姆带。实际上，保姆的主要职责是保证孩子不出事，他们是没有义务来指导孩子成长的。更重要的是，保姆有可能经常被更换且对孩子的感情投入度不可控，把孩子完全交给保姆带，往往会严重影响孩子早期依恋的形成，继而很可能会对孩子一生的安全感和亲密模式带来巨大的负面影响。所以，在教育孩子的过程中，父母应减少对保姆的依赖，切身投入教育之中。

近年来，我发现有很多这样的家长：他们尽可能地减少和孩子单独相处的时间，仿佛在刻意逃避陪伴孩子。他们在周末给孩子报满了各种兴趣班，自己做的只是接送孩子，在这些兴趣班之间穿梭。表面上，这些家长是为孩子好，给孩子花了大把的钱，是"我给你找懂教育的人陪你，我在付出爱"。实际上，绝大部分这样做的家长都在教育孩子上遭遇困难和挫败感。他们根本不知道如何面对孩子，更不知道如何陪伴孩子，只是用钱来买自己心安，忽视了孩子对父母的情感需求。金钱买来的一切，反而成了父子或者母子之间感情的障碍。

还有很多父母，很早就把孩子送去寄宿学校，甚至有些孩子从幼儿园开始就过集体生活。当然，寄宿费通常都很高，远远超过普通走读学校的费用。幼小的孩子寄宿，可能会遭遇无数的困难和痛苦，并且无法第一时间向父母求助。寄宿的孩子往往被迫早熟，他们很可能在内心深处觉得自己没有依靠。这样的孩子长大以后，往往跟父母也是有隔阂的，甚至跟人相处时的距离感都很难消除。如果不是迫不得已，我个人很不赞成小孩子寄宿。我认为孩子在18岁之前，尽量不要寄宿，要在父母身边生活，父母要尽己所能给予他们关心，这也是给孩子完整的爱与教育的一个过程。18岁之后，他们长大成人了，就可以放心高飞。

孩子的成长离不开父母的爱和关心。其实孩子需要的陪伴，不在于时间长短，而在于陪伴的质量。哪怕你再忙，孩子只要时时刻刻能感受到父母的关爱，也是极具安全感的。父母再忙也应抽时间询问一下孩子今天过得是否快乐、有什么困难需要爸爸妈妈帮助，给孩子一个鼓励的拥抱、拉拉孩子的小手、给孩子一句温暖的关心话。这样，来自父母的关注可以带给孩子极大的力量感。

三、父亲或者母亲在位缺席或角色缺失

孩子的成长需要父母双方的参与，父亲和母亲一起参与照顾孩子成长的过程，对孩子是最理想的。父亲传递力量，母亲传递爱，父亲或母亲中的任何一方缺席，都会对孩子的成长造成不良影响。

在位缺席中比较常见的是父亲的在位缺席。

我们常常发现，即便婚姻是完整的，身边无数的女性也高度认同自己在家中是"丧偶式带娃"，会对孩子的爸爸各种吐槽。貌似太多家庭的孩子都是妈妈在管，父亲的缺席很常见。那么，爸爸去哪里了呢？

确实，在中国，"男主外，女主内"的传统观念比较深入人心，多数人认同男人要更多地承担家庭经济负担，于是男人的家庭分工主要落在赚钱养家上，这就意味着从孩子出生开始，爸爸具体照顾孩子的机会就大大减少了。女人往往更细致，有了孩子后，照顾孩子的任务也通常由女性承担。这种分工持续的时间越长，爸爸越是习惯于不照顾孩子的角色，孩子也就越亲近妈妈，渐渐就会形成母女同盟或母子同盟，孩子跟爸爸的关系也随之变得疏离。

其实爸爸在教育上的缺位，很大程度上是因为孩子妈妈在无意识中把爸爸"推"出去了。因为产后虚弱、情绪不好，照顾孩子已经很吃力，孩子妈妈就很容易忽略维护和孩子爸爸的亲密关系。反观孩子爸爸，照顾孩子插不上手，就显得有些多余。如果是孩子奶奶在家里帮忙，婆媳间闹点矛盾，更容易造成夫妻间的疏离，导致孩子妈妈内心积怨甚多；如果是孩子姥姥在家里帮忙，母女合力照顾孩子，孩子爸爸就容易被边缘化，除非遇上特别有智慧的老人给予支持与帮助，但那毕竟是可遇而不可求的福气。而雇用保姆的家庭，也有诸多纠结和折腾。所以，每一种情况中，如果不是孩子妈妈特别注意和孩子爸爸亲密互动，多邀请孩子爸爸参与育儿中来，爸爸就很自然地被排除在外了。如果爸爸无论怎么做，妈妈还是埋怨，爸爸做得越多受到的指责也越多，孩子爸爸便会躲得远远的，乐得清闲。

相当多的妈妈有子万事足，重孩子轻丈夫，在孩子逐渐长大的过程中，妈妈往往也不愿意和孩子分离，不会有意识地让爸爸更多地与孩子互动，形成稳定等距的父—母—子的三角关系。孩子如果跟妈妈的连接过于紧密，当爸爸跟母子或母女意见不一致时，母子或母女很容易一致针对爸爸，久而久之，爸爸更不容易介入孩子的教育，原本可以给孩子很多支持的爸爸起不到应有的作用。

婚姻关系的维系，需要夫妻双方好好学习。夫妻间需要多交流，互相爱护，共同教育孩子，这样愉快的婚姻也会给孩子带来最大的支持。相比妈妈带孩子的细致和体贴，父亲会给孩子更多自主探索的机会，孩子在父亲身上学习和感受到的跟在母亲那里学习和感受到的不一样。父爱和母爱是相辅相成的，对孩子的成长都非常重要。

在父亲在位缺席的环境下长大的孩子，问题会非常多。最普遍的问题是，女孩子很容易把同样的相处模式复制到自己的婚姻里去，而完全受母亲影响长大的男孩子则很难成为合格的父亲。有些妈妈在自己的成长过程中就是父亲缺席，这样的妈妈往往有很幼稚的一面，可能还需要自己的孩子去承担照顾妈妈的责任，扮演妈妈的男人或者父亲的角色，这就给孩子带来了极大的负担。在家庭中，母子或母女联盟对抗父亲，则会带来角色上的混乱，也会影响孩子将来的婚姻关系和亲子关系。

所以，请把爸爸找回来，让每个人回归自己应该在的位置，帮助孩子努力接受父亲和母亲本来的样子。当孩子就是孩子、父母就是父母时，亲情与爱流通、运作得最好。

父亲或母亲角色缺失指的是单亲家庭中的情况。

如果可以选择，夫妻离异时，两人之间最好是由身心相对健康的一方来带孩子。因为，带孩子的如果是心理比较健康、成熟的人，这样即便是单亲家庭也能教育出身心健康的孩子。

离婚的夫妻如果对双方分开的原因没有认真审视，或者并非和平分开，往往这种仇恨会一直延续。如果离婚的原因是伴侣之间充满了否定和敌意，之后形成的单亲家庭更容易出现过度补偿、角色错位、认同上一代的不幸等现象。这种情况下，即便已经离婚了，敌对的情绪也会一直存续，无时无刻不影响着孩子。

大部分单亲家庭很容易形成一种相依为命的模式。例如，离异的母亲可能会把全部的爱和希望放在孩子身上，而孩子往往也会有很深的内疚感，如果在求学期自己的成绩不理想，孩子可能更觉得对不起母亲，这反而会对他的学习带来负面影响。如果孩子在潜意识中形成了需要代替父亲来安慰与保护母亲的心理，将来他婚后处理夫妻关系、婆媳关系时会变得更艰难。

夫妻分开本身不是问题，问题是分开的原因和状态。夫妻要确定分开是不是符合双方的利益，是不是最好的解决方式。如果是，那么分开是一种福气。至于分开会不会影响孩子的幸福，这取决于父母离婚之后跟孩子一起生活时能否心态平和地爱孩子。父母要尽可能给孩子创造好的环境，把对孩子的负面影响降到最低。如果可以选择，最好让夫妻之中对伴侣评价比较高的那个人来带孩子。对于离异家庭的孩子来说，一个至亲（父亲或母亲）整天咒骂并痛恨另一个至亲（母亲或父亲）是非常可怕的事情。

负责养育孩子的这个人自身的成长也很重要。父母离异后，带孩子的一方如果心态平和，生活幸福，并且在离异之后可以与另一方和平相处，那么，两人就可以对孩子形成合力的支持。

现实中有不少单亲家庭也培养出优秀孩子的实例，甚至很多开明的单亲爸爸或单亲妈妈会鼓励孩子跟另一方的新伴侣愉快相处。

单亲家庭抚养孩子肯定比夫妻合力辛苦得多，但是能很好地照顾自己、照顾孩子的单亲家长一样可以给孩子撑起一片天。

> **心理训练小游戏**
>
> 做三次深呼吸，让自己平静下来，检视一下自己的家庭系统运作得怎样。如果满分是10分，你给自己目前的家庭打几分？如果有扣分项，找出来，并思考如何改进。
>
> 检视自己目前的家庭功能是否存在缺损。如果存在，可以试着去补救，想出至少三个解决办法。
>
> 做完这个训练，在内心热情地拥抱自己，给自己点赞。

第二节
你的家庭系统运作正常吗

我们不是孤独的存在。事实上,每个人都生活在多个系统里,受到各种各样的影响。家庭系统是一个非常鲜活的生态系统。在家庭系统中,每一个成员的状态都能轻易地影响其他成员。比如,一个家庭成员带着愤怒或者哀愁回到家里,其他家人就不敢开玩笑或者淘气了;一个家庭成员心情极好,有重大喜讯向大家宣布,那么全家人就很容易进入一种愉快的状态。由此可见,家庭成员的情绪状态有多重要。

每次正式开始学习,我都会问家长:"你微笑了吗?"有些家长会说:"王老师,你为什么让我们微笑啊?我有很多烦心事,笑不出来怎么办?"的确,当你发自内心地高兴时,你可以轻松地露出笑容。但你也要知道,人体本身是一个流畅的系统,即使心情不佳,努力做出微笑的表情也可以在一定程度上调节情绪。这不但符合心理学的原理,也符合神经科学的原理。

如果你还不信的话,你现在可以试着跟我一起做几次深呼吸。注意:每次呼气的时候,都把注意力放在双肩上。当你把注意力放在双肩上时,副交感神经是打开的,副交感神经打开，整个人就是放松的状态。你现在可以试着去紧张。但你发现了吗？现在这样的状态其实是很难紧张起来的。所以，养成微笑和放松的习惯非常重要。当你觉得烦躁或者难受时，你更要努力地去微笑，多做深呼吸，把注意力放在双肩，这会对你的身体和情绪有意想不到的调节作用，也容易带动你的思维转向积极正面的方向。并且，时常微笑和放松的你，也会给家人带来更多的能量。

在任何一个系统里，通常都是最灵活的部分影响大局。希望认真看了这本书的你，能成为你的家庭系统中最灵活、最聪明、最有力量的那个人，让你所爱的家人因为有了你而得到更多的幸福与快乐！

一般来说，对于孩子而言，家庭是父母齐心协力提供如下功能的基地：供养、庇护、教育、支持等。家庭系统对我们的影响是无比巨大的，尤其对于尚未成年的孩子，家庭系统的支持与影响更显重要。家庭系统对孩子的影响，就如同国家政策对于企业决策的影响，如同企业制定的政策对于其中某个部门决策的影响。家庭系统可以说是孩子成长过程中最重要的环境。

一、检视自己的家庭系统运作情况

当下社会的竞争越来越激烈，我们都希望自己的孩子勤奋好学，在学业和将来的事业上有突出的表现。那么，面对竞争压力，父母就要努力成为孩子的同盟军，扮演支持孩子的角色，而不是把孩子当成"夹心饼干"，更不能让孩子逃无可逃。

我们自己的家庭系统是怎样的呢？我们可以认真检视一下，并思考怎样才能建设支持孩子健康成长的良好家庭系统。

在一个系统里，我们会受到连接、平衡和秩序三种深层次需求的控制，它们会控制我们的感觉和行为。判断家庭系统运作是否良好并不难，有几个关键词可以参考。首先是和谐，其次是爱的流动。

我们可以做一个最浅层次的了解。大家可以认真考量一下自己目前的家庭系统，思考范围包括最主要的几位家庭成员，尤其是日常生活在一起，或者对自己的生活有重要影响的亲人，比如爸爸、妈妈和孩子，还有爷爷奶奶或姥姥姥爷等在一起生活的长辈。思考一下：你们之间的关系和谐吗？你们之间的连接是紧密和顺畅的吗？

判断家庭系统是否和谐的主要标准有以下三个：

1. 隶属于这个系统里的每个人是不是都被肯定、被尊重

你的家庭系统中有没有哪个人是大家不想接受、不认同的？比如说即便离异的家庭，孩子的亲生父亲或者亲生母亲的身份也应被接受和认同；如果存在不认同的情况，就会有很大的隐患。当然，如果有这种情况也不必恐慌，因为改变也不难，并不是一定要复婚，只要接受和尊重就好。接受他或她是孩子的亲生父亲或亲生母亲，本质上来讲即接受和尊重其真实的存在。

2. 隶属于这个系统的每个人的付出与收获是否平衡

在你的家庭系统里，有没有该付出而不付出、该接受而不接受，或者接受了但没有做出相应付出的人？这种不平衡会造成非常大的问题。关于这一点，我们要有意识地换位思考，通过沟通多了解家人的不同感受，以求达到平衡。

3. 隶属于这个系统的每个人的序位是否正确，是否都得到尊重

在单位，哪位领导的位置靠前，哪位员工处在哪个位置，往往很清晰。在家庭中，我们也需要重新审视每个人在家庭中的序位，如果序位不对，也会引起大麻烦。比如，有的家庭把孩子的序位放在所有人之前，把孩子的一切利益放在家庭中的第一位。这明显是不正确的。

当连接、平衡和秩序都做到位了，家庭系统的运作通常就是良性的、和谐的，爱也就容易在系统里流动起来。这样的家庭系统能够对孩子产生强大的助力，有利于培养出热爱生活、学习勤奋的孩子。

二、孩子在学校的听课能力取决于家庭

上课认真听讲是促进孩子提高学习成绩的重要途径。孩子能否专注地听讲也是一种重要的能力，这种能力的差异通常很大。孩子听课能力的高低，其核心影响因素在于：家庭中父母说话是否好听。父母说话的语气、声音，对孩子的听讲能力有直接而重要的影响。因为如果孩子从小所处的环境中总是有不

和谐的声音，爸爸妈妈总是互相讲难听的话，或者对孩子讲话的语气、声音都很难听，那么孩子在潜意识里就会形成自我保护，关闭一部分的内听力，以让听力对这部分变得不那么敏感，因为这样他才能生存下来。久而久之，在这种环境下长大的孩子，上学后的听力就是不完全的，远不如健康孩子的听力好，容易不爱听讲。因为老师是相当于父母一样的权威的存在，孩子上学后可能会在潜意识里主动逃避权威，并且，这种类型的孩子的情绪也容易有起伏。

很多来自问题家庭的孩子，尤其是长期生活在父母争吵甚至打架的家庭的孩子，在很小就关闭了内听力。这是人在潜意识里对自我的保护，因为如果不关闭一部分内听力，太敏感，就无法在充满分歧和斗争的环境中生存下去。久而久之，除非强烈刺激、夸张的笑话，其他平淡的东西他都会不自觉地加以屏蔽。

这种内听力的关闭是无痕的，往往很难被发觉。所以，请检视你的家庭系统运作的情况。从某种程度上来说，你的家庭是否和谐，已经成为决定你的孩子在学校的听课能力强弱的重要基础。

第三节
教养方式决定孩子一生

一、拒绝内卷

内卷，也就是努力的"通货膨胀"，这种同伴之间缺乏理性的竞争是"被"自愿的，不仅造就了商业竞争和职场的压力，而且已经泛化到人们生活的各个领域，深度入侵孩子的学习、生活。这种现象不但愈演愈烈，也越来越呈现出低龄化的特点。越来越早、越来越激烈的竞争导致家长和孩子进入互相比拼、深度内耗的状态。持续处在高压状态，必然导致深度疲劳和焦虑，进而影响人的身心健康。当压力超过承受能力的极限，大量成人以及孩子会出现深度疲劳、精神问题等，这也是抑郁症、焦虑症高发且早发，甚至出现在小学生身上的原因。

作为家长，望子成龙、望女成凤是美好的期待，但是，你愿意让自己的孩子以牺牲健康为代价吗？再想想，孩子出现可怕的后果，你愿意承受吗？面对这样的问题，大部分人的回答都是不愿意。但事实上，相当多的家长在充满焦虑的大环境中很难站稳脚跟并保持平和心态，容易盲目地跟随别人的脚步，甚至会因为自己的深度焦虑而逼迫孩子。我的学生迩静就是一个受害者。

迩静聪慧文静，父母都是硕士，她是一个所有人都喜欢的乖孩子。我认识她时，她刚上小学一年级，学习非常顺利，她的父母跟我的教育理念一致，我们之间的互动也很多。一开始，迩静既非起点高也不是进步最快的学生，她突出的特点是踏实，我们倡导的生活理念和探索，她也都积极去做。在几年持续踏实的努力后，四年级时，迩静渐渐地显现出极强的学习能力。这时候的迩静已经成为所有人心中最理想的孩子，学校功课对她来说极其轻松，她从来不补课，但科科考试都满分。她热爱生活，还做得一手好菜。此外，她喜欢舞蹈、钢琴、书法、国画，这些都非常出色。

原本这样下去，她可以轻轻松松地成为优秀人才。可是，迩静的出色，抬高了妈妈对她的期待。迩静妈妈开始给她报奥数班，让她去竞争上名校的机会，孩子变得异常忙碌起来。到了六年级下学期，她不再来我这里做辅导，而是投入激烈的教育竞争中。终于，迩静进了妈妈心仪的重点学校的重点班，她在重点班里也是成绩拔尖儿的孩子。从那之后，我们因为忙碌，渐渐很少联系了。

再次见到迩静是在她中考前，她的妈妈向我求助。因为连续3年几乎天天学到深夜，少有个人放松的时间，迩静出问题了。她的学习成绩虽然还很优秀，但是她因严重焦虑引发了厌食症，无法进行考试，有时因为焦虑而痛苦不堪。

好在后来及时改变，经过生活状态的大调整以及药物治疗、心理治疗等，迩静的情况慢慢好转并稳定下来，学业也能够继续了。

迩静的故事，给了您怎样的启发和思考呢？

很多时候，家长以为自己是很佛系的人，根本没意识到自己已经被深度裹挟到竞争里，甚至还认为一些流行的、扭曲的观点是正确的。

我们经常能听到这样的声音：谁家孩子上幼儿园就开始学奥数了，谁家孩子小学前就认识上千个字，谁家孩子早早就学完《新概念英语》第二册啦，谁家孩子小学就开始学习编程并拿到国际大奖啦。我们身边仿佛充满了各种"神童"，这些所谓"神童"的"神迹"为大多数人所津津乐道。我们承认，这个世界上确实存在天赋异禀的"牛娃"，但大部分人只是普通人。有多少"牛娃"只是光鲜一时，提前透支了自己的生命力？所谓神童，长大后也可能很平庸。小时了了，大未必佳。但是看到所谓"牛蛙"的爸妈到处宣扬时得意的表情，一想到自己孩子不如人家，家长们还是会瞬间生出一种愧疚感，好像自己对不起孩子！

还有些家长在某个时刻仿佛一下子认识到事态的严峻性：如果孩子大学上不了"985""211"学校，将来怎么找得到好工作？人家孩子都有英语等级证书，有奥数、编程大奖，我们家孩子没有这些，进不了好中学怎么办？于是，家长们马上变得焦虑起来，琢磨如何让孩子早早建立优势，并开始跟风研究给孩子报各种班。孩子稍大一点，身边很多人就会像专家那样给你诸多建议：最晚小学几年级必须开始学奥数，英语要什么时候开始考什么级，学哪种乐器或者加入什么社团拿到怎样的成绩能够入某个名校或有加分。

人很容易盲从。在小文小时候，我们片区有一所备受家长追捧的名校。这个学校实行小学初中一体化，无数家长想尽办法把孩子送进去。当时我细细研究了一下这所学校好在哪里，得出的结论是：原来那里所谓的教学成果突出、学生整体水平高、学生考试分数高，其实是因为该校在学生入学前就通过考试筛选了那些上学前已经掌握小学二年级知识的孩子。他们到五年级就开始学初一的内容，初中时提前学习高中课程，然后在高中阶段早早结课并不断地复习，这本质上就是教育方式的一种内卷。然而多年来，家长们一直趋之若鹜。

有一段时间，各地学区房房价急剧攀升，有些"老破小"甚至频频卖出天价。有些家长宁可自己吃苦，大量举债，砸锅卖铁也要给孩子买学区房，以为孩子进入名校上学就算成功了。家长进而不自觉地把这种"破釜沉舟"的压力转嫁到孩子身上，结果就是绝大部分孩子成为陪跑的分母，不但学习能力没有进步，而且身心疲惫，自信和生命力都被严重消耗。有太多家长被当下的焦虑裹挟，而这种焦虑最终会传导至孩子身上。

与此同时，家长自己还会不断找各种理由合理化自己的行为："现在不逼孩子一下，将来就没有好前途，孩子会恨你。""孩子有快乐的童年,就没有快乐的青年时代。""我这样都是为了孩子好!"

网上曾流传一个非常有趣的视频,用一只哈士奇犬和边牧犬的对比训练来说明"普娃"和"牛娃"的区别。哈士奇代表的"普娃",是需要各种鼓励、陪伴的,它懒洋洋,一步三摇,好不容易用时3分钟完成了全部运动项目,大家热情鼓掌;而代表"牛娃"的边牧一出场,还没等大家反应过来,就一口气完成了跳圈、钻杆、上坡等一系列设定动作,稍作引导,十几秒就能极利索地完成全部项目。这不得不令人感叹:"普娃"跟"牛娃"的差距真是太大了!所以家长心中要对自己的孩子有最起码的判断,不要盲目按照流行的方法去教育孩子。大部分人的孩子都是"普娃",相当于视频里的哈士奇犬。你看了很多比较流行的教育书,里面有一些先入为主的教育孩子的方法,可能都是在试图用训练边牧的方法训练哈士奇,根本就不对路,所以在教育过程中难免屡屡碰壁,问题多多。

真正影响孩子健康成长的是家长的焦虑情绪。家长进步一小步,孩子进步一大步。作为家长,你是否明确自己的责任?有时,你所选择的教育方式,会决定孩子的一生。

不补课,不要求孩子学过量东西,不要求孩子和其他人恶性竞争,那还有没有办法让孩子变得出色呢?当然有!激发孩子的内驱力,让孩子在准备好的时候主动学习。孩子拥有健康的学习理念和心态,就能成为更出色的人。

课本的内容，孩子如果学会了95%，考试时就有能力考到95分；如果学会100%，考试时就容易拿到100分。的确会有部分能力超群的孩子，学得格外多，只是作为家长，你需要了解自己的孩子消化所学的内容的能力。好的教育是因材施教，每个人的情况不同，如果连走都没走好，去跑就过于勉强。如果课本上的知识掌握得尚且不足，不能轻松得95分以上，那么课外拓展对孩子来说就是不适合的，这时候，家长只需要鼓励孩子重复练习乃至巩固课内知识就好。与其进行课外补习，不如提高课内学习效率，课下多娱乐和休息，逐渐形成正向循环。这样，孩子才能既学得轻松自如，又生活得幸福快乐。

二、父母进步一小步，孩子进步一大步

很多家长不知道的是：在孩子心里，最重要的是父母，最不重要的是学习。作为父母的你是否想过你的责任是什么呢？在孩子的生命中，你是孩子成长的助力，还是阻力？你期待孩子长大后是什么样子？随着年龄的增长，孩子需要的尊重与空间与日俱增，从他仰视你，到他与你一样高，再到后来甚至你要仰视他，这个过程，你是否准备好了和他一起成长？

如果你希望自己成长，希望通过学习来提高自己，那么首先请你自问以下问题：

下面这三个选项，如果只能选择其中两项，你会选择哪两

项呢？

1. 你的孩子快乐、健康地成长；
2. 你和孩子的关系亲密；
3. 你对孩子说的话都是很有道理的。

你的答案是什么？为什么呢？

带着你的答案，让我们一起来明确一下父母的责任。

> **心理训练小游戏**
>
> 针对"父母的责任"主题，请快速思考以下问题并写出你的答案。
>
> 1. 关于学习成为更好的父母，我期待的收获是什么？
> 2. 我是怎样的？（用3个词形容自己或画个简笔自画像）
> 3. 我的孩子是怎样的？（用3个词形容孩子）
> 4. 目前家庭教育上的困扰是什么？
> 5. 我认为父母的责任是什么？
> 6. 我是高情商的父亲或母亲吗？举例来证明，并询问伴侣与孩子的看法。
>
> 把你的答案跟朋友分享。读完本书之后重做这些题目，看是否有变化。

在教育孩子这个问题上，家长都希望自己是合格甚至优秀的，而成长为合格家长的第一要点，是要努力成为高情商的家长。

我们先来看看什么是情商。情商，也就是情绪智能。美国学者丹尼尔·戈尔曼认为：一个人的成功，智力只占小部分（20%），而情绪智能占大部分（80%）。情商包含五个方面：认识自己的情绪、管理自己的情绪、有效推动自己、认识别人的情绪、处理好人际关系。综合起来就是：清楚地认识和正确地运用情绪去帮助自己，了解别人的看法和感受。情绪应该为我们服务，而不是成为我们的主人。对照情商的定义，请你自问：我是个高情商的家长吗？如果是，哪些做法可以证明，请举例；如果不是，哪些做法不妥，也请举例。

父母的责任到底是什么？我认为，比较理想的是吴文君老师在亲子导师教程里所讲的：**父母的责任，是帮助孩子成功地成长。父母要为孩子提供一个安全空间，在这个空间里，孩子通过学习并掌握如何照顾自己，带给世界正面的影响。**

如何帮助孩子成长？父母需要引导孩子从错误中学习，容许孩子冒险，孩子能做的事让孩子自己去做，鼓励孩子尝试并创造机会让孩子多尝试，不断肯定孩子做得好的行为，引导孩子自觉发现和纠正不正确的行为，等等。

三、家长沟通能力训练

家长自我成长的必修课之一就是要训练自己及时地且持之以恒地对孩子加以肯定的技能。

很多家长跟我反馈：王老师，孩子很听你的话，但是我的话他就不听，怎么办啊？为什么孩子爱听我的话？因为我的话好听啊！作为家长，你必须提升自己的沟通能力，尤其是掌握三种基础沟通语言：肯定语言、正面语言和精简语言。如果你的话语充满智慧和温暖，孩子当然爱听你说话。孩子爱听你说话，你的好的教育理念才能顺利实施。当然，这种能力需要通过大量的训练来提升。

（一）沟通能力训练一：肯定的力量

肯定是一种具有强大力量的表达方式，一个经常自我肯定的人，自身会变得越来越有力量。在人际交往中，肯定的方式可以增进沟通，提升好感，营造好的氛围，为自己和对方增添力量，是社交中无往不利的沟通法宝。一个人愿意肯定别人并且能够得体地肯定别人，这个人一定是社交高手。如果孩子拥有能够随时肯定自己的家长，他一定是自信和幸福的。

在当下，自信是一种宝贵的品质。自信的形成是这样的：有了想法去尝试—尝试之后得到经验—经验累积—获得能力—能力得到肯定—获得自信。有能力、能力强的人不一定自信，这是因为能力转化为自信的过程中需要无数次的自我肯定和来自别人的肯定。

中国人的表达方式是含蓄的，我们在教育上更习惯采用批评的方式，做不好必然要挨责罚，做好了则是应当应分，甚至还得表现出谦虚的态度。受"见贤思齐""严师出高徒"等思想的深刻影响，我们很难开口去肯定别人，因为绝大部分人都是在批评中长大的。所以当我们成为家长、面对孩子时，一样很难给予孩子正面的肯定。

有些家长学会了说"你真棒"，但现在的孩子灵性高，很机敏，对稍大一点儿的孩子来说，盲目而刻意地去说"你真棒"已经没有效果了。所以我们要学会肯定孩子。肯定，不是随意地赞美，不是夸奖，更不是讨好和逢迎，而是**如实描述客观存在的事实细节，并予以正面强化**。这样的肯定，才能给孩子增添力量，才有助于孩子建立自信。比如，你可以说："你今天的作业都完成啦！这篇作文的字写得很工整！"

我在给企业讲沟通能力训练课的时候，讲技巧前会随机邀请学员来肯定别人。让人惊讶的是，绝大部分的人根本不会肯定！我的学员以北京的银行职员、科技人才居多，没想到，即便是这样的高知群体，他们在沟通技能上也存在短板。虽然羞于去肯定这一点容易突破，但很多人即便有强烈的意愿去肯定别人，往往做出来的效果也欠佳。我们经过训练之后达到的好效果，是指无论跟什么人交流，你说出的话都能让对方不断地点头。只要对方点头，认为你说得对，你就成功了。这样一来，对平常让你头疼不已的熊孩子，你也能当面心平气和地加以肯定，给予孩子足够的力量和支持，从而让亲子关系更融洽。

以下所列的肯定和正面语言中，部分内容借鉴了李中莹老师的简快身心积极疗法的一些理念。

肯定别人包括肯定孩子有以下五种方式：

第一，肯定对方的言论、行为背后的正面动机；

第二，肯定事情带给对方的情绪；

第三，肯定对方的言论、行为中可以肯定的部分；

第四，从对方的角度看事情，从而做出合理的肯定；

第五，表示对方的言论、行为是自己以前没想到过的，对自己而言是一个新的可能性，并接受这个可能性。

我们可以通过几个例子来逐一练习这五种肯定方式，只有肯定，绝不否定：

例1：孩子拿回90分的试卷；

例2：孩子在学校被老师批评了；

例3：孩子完成作业了；

例4：孩子完成了一项家务。

请试试用五种方式来做肯定。

下面我们以"孩子拿回90分的试卷"为例进行示范：

1. 肯定正面动机：妈妈知道你考试时很用心，努力去取得好成绩。

2. 观察情绪、肯定情绪：妈妈看到你因为得了90分很开心！（或者：妈妈看到你因为得了90分有些不高兴哦！）

3. 肯定可以肯定的部分：得了90分很厉害啦！选择题全部做对啦！你的字写得特别好看哦！大题前面的计算题全部做对啦！

4. 从对方的角度进行合理的肯定：妈妈要是你的话，得了

90分也会觉得很开心。

5. 新的可能性：妈妈没想到你会考这么好，你太棒了！

剩下的三个例子，请你模拟用五种方式来肯定孩子。当得到你的肯定，孩子点头就是成功！记住，只有肯定，绝不否定。

（二）沟通能力训练二：正面语言

很多人没有留意过自己使用的语言是正面语言居多，还是负面语言居多。在生活中，大部分人说的话都充满了负面信息。你如果留心去观察，就会发现成功人士会比较多地使用正面语言。经常使用负面语言的人，往往把注意力集中在不想身陷其中的困境里，无法自拔。比如安慰自己：不要紧张、不要紧张，结果最后越来越紧张。而时常使用类似下面的话语，则显示你正在困境里："我没有办法""这不可能""我不要再被人管制"。

试想，如果一个家长的言语里充满负面信息，长此以往，他会给孩子造成多大的负面影响。

掌握正面语言，需要专门去学习、训练与使用。接下来，我带大家做一个有趣的体验。请闭上眼睛，深呼吸，让自己平静下来，让别人念以下的句子给你听："请不要想象一只雪白的兔子，请想象一只五彩斑斓的开屏的孔雀；请不要去闻刚刚剪过的青草的香气，请去闻刚出炉的面包的香气；请不要去听'布谷''布谷'的声音，请去听小猫'喵喵喵'的温柔叫声；请不要想象从高高的滑梯上'唰'地一下滑下来的感觉，请想象亲密的爱人给你一个大大的拥抱。"

请问，刚刚你都"看到""闻到""听到""感受"到了什么呢？是的，那些用"不"和"不能"来限制的所有事物，你也一个不落地体验到了。家长平日里跟孩子说话时，所有那些"不许""不要"后面的内容，孩子都记得。

所以，学习使用正面语言，请从现在开始。首先，你要将说话时习惯使用的"不"改成直接的正面语言，比如将"不要迟到"改为"要按时到达"。其次，还有一些话，貌似没有包含"不"，但也是非常鲜明的负面语言，如指责、压制、否定、抱怨等，都需要去除。再者，日常你跟孩子说的所有话，都要正面积极，且明晰、易执行。家长要多用邀请的方式，对孩子加以鼓励和肯定，让语言充满积极的暗示。

比如叫赖床的孩子起床，可以说："现在已经6点40分啦！需要立刻起来啦！班车还有10分钟就开走了！"

在孩子写作业磨蹭时可以说："妈妈看到你的作业进展很慢，需要妈妈帮助吗？怎样可以帮助你写得又好又快呢？"

说话的声音一定要愉悦好听。

正面语言的要点有三个：
1. 去掉话语中的"不"；
2. 去掉有鲜明的负面意义的言语，如指责、压制、否定、抱怨等；

3. 简明、易执行。

改写练习：

一起来修改下面的语言，把它们变成正面、简单、易执行的语言。

例句：

别闹了！——你要安静哦！

不要乱动！——我希望你乖乖地坐下来。

别紧张，不要害怕！——放松，很安全。

别玩游戏了！——我希望你现在高效地完成作业，然后咱们出去打球。

你怎么还不起床？——6点50分啦，你该起床啦，再不起可就晚喽！

我让你背完，你怎么不背！——背诵要加油哦！

请你自己完成下面两个句子的改写。

你怎么又做错了！——（　　　　　　　　）

说说你为什么做错了啊！——（　　　　　　　　）

给家长留的作业：每天检查自己说的话，随时将自己的负面语言调整为正面语言。

（三）沟通能力训练三：精简语言

成了家，有了孩子之后，因为劳累和琐事太多，很多女人不自觉地就会变得啰唆（男人也有这种情况）。其实绝大部分没经过专门训练的人，说话可能都是啰唆的。很多女人抱怨男人和孩子不听话，但其实男人和孩子不听话有一部分原因在于女人啰唆。男人和孩子一样，第一句话没听到重点，精神就已经溜号了。因此，如果你不能直奔主题，一句话点出重点，他们就很难听到你后面要说的重点。

精简语言的方法：无论你说了多么长的一段话，都请你不断修改，最后用30个以内的字说完它。

可以请一位朋友帮忙，也可以自己录音，把一件要表达的事说完整。先让朋友帮你复述一下（或者听录音自己整理一下）重点，然后试着用更精练的语言重说一遍。再次重复，直到这段话可以用30个以内的字表达清楚。

不断重复训练，你的语言会变得越来越精简，孩子也会渐渐对你刮目相看。

肯定语言、正面语言和精简语言，掌握上述语言需要家长们花大力气来训练自己。很多家长会说："王老师，这样训练好累啊！为啥跟娃说个话，要费这么大力气来'修理'自己？"是的，成年人要想取得进步是很艰难的事情。但是，你要知道，你的一言一行都在无形中对孩子产生影响，而你有时特意针对孩子讲的话，他也会无意识地或者有意识地屏蔽。可是父母跟别人的对话，好多孩子都是一字不落地认真听的。所以，作为家长，只要孩子在场，你讲每一句话时都要慎重。是的，这样小心一开始会很辛苦，但提升之后则会渐入佳境。毕竟，这世上除了作为孩子亲生父亲或者亲生母亲的你，还有别人会对你的孩子如此用心吗？

无论是和孩子建立良好的亲子关系，还是培养孩子热爱学习的态度，都需要家长养成一个好习惯——好好说话。在陪伴孩子学习时，家长要努力保证自己永远是用温和、愉悦的表情与声音跟孩子讲话的。孩子只有在想到学习时感到愉悦，而不是马上联想起家长的恶声恶气和歇斯底里，才能慢慢养成热爱学习的习惯。

◦ 心理训练小游戏 ◦

管理你的碎碎念

父母的负面语言往往像咒语一样，会长久地影响孩子。反观你自己，你在家经常给孩子念哪些"咒语"？

自己反思或询问爱人和孩子，搜集出你在家里的那些碎碎念，把包含否定和讽刺等意味的言语都去除，并提醒自己以后不再讲。认真设计出一个或几个新的、由正面语言组成的、字句精练、肯定和祝福孩子、对孩子未来有帮助的"碎碎念"台词，然后，经常用最好听的声音在家里不断"碎碎念"。

第四节
浸润式教养变分歧为助力

在非常理性的状态下，我们都清楚地知道，每个人都是完全不同的个体，成长的环境也有差别，我们甚至可以认真地告诉身边的朋友：人和人之间的差别很大，即便是一个家庭中的兄弟姐妹，对世界和事物的认知、态度和行为，也会有巨大的差异。然而，当局者迷。在生活中，我们常常会迷失，被分歧带来的各种困境困住。特别是当两个差异巨大的成年人组成一个小家庭后，爱情渐渐褪去了，双方深度进入彼此的生活，共同经历辛苦与挫折。当起初的彼此认同和欣赏都变得理所应当之后，当委屈和疲惫开始不断累积，无论一开始多么相爱，夫妻之间都会渐渐出现各种各样的分歧，包括对孩子的教育，对很多人和事的理解与态度，处理同一件事的方式和情绪反应。当彼此的意见产生分歧时，就很容易引发矛盾，进而导致纷争。更何况，小家庭的背后还有双方父母、兄弟姐妹、亲戚等错综复杂的关系的卷入与影响，家庭中往往会出现多种不同的声音与力量的碰撞。

我们常常能看到亲人之间涉及孩子的斗争，往往都是源于很小的事，如穿多少衣服、先做什么后做什么、孩子报与不报某些兴趣班。有很多人是这样想的：多希望我的伴侣不要给我捣乱啊！都听我的多好啊！跟他（她）解释和斗争好烦啊！当由分歧引发的负面情绪累积得足够多，很多人就会抱怨连连，甚至认为自己深受其害。

在家庭中，夫妻产生矛盾，甚至处于完全对立的状态，这会让夹在中间的孩子无所适从。如果让孩子处在他最爱的两个人中间，他就很可能成为父母角力的牺牲品。如果家庭中有一个较强势的人做主，另一个可能会妥协。如若不然，夫妻就会一直战斗。还有些家庭夫妻一方先管一阵子，不奏效，另一方再来胡乱试试。如果赶上孩子的学习成绩不理想，加上焦虑，家里可能会出现对孩子的"男子单打""女子单打"甚至"男女混合双打"，有可能引发全家混战，如爸爸妈妈打起来，又各自拉拢孩子支持自己。就像拔河比赛，你家明明可以三个人合力，结果一个力量强大的人成了内部的反作用力。想想看，在这样的环境下，你如何推动你的孩子进步？

───── • 心理训练小游戏 • ─────

这些年，我认真观察社会，发现大众有三大普遍的认知陷阱，虽然几乎没有人明着说出来，但这样的观念往往根深

> 蒂固：
>
> 1. 我是对的；
> 2. 我的容貌属于中等偏上；
> 3. 我很聪明，我的孩子也是聪明的。
>
> 你是否也有以上三点自我认知呢？
>
> 如果有，你是否有勇气面对这样的真相：很可能，在多数情况下你不一定是对的；你是独一无二的，但在周围绝大部分人眼中，你未必是好看的；和太多智商高的人比，你和孩子其实都算不上聪明人。
>
> 或许，我们的好多困扰都来源于我们如此普通，却又过于自信。
>
> 对于这三点，你有什么样的看法？如果有触动，欢迎你把你的想法写下来。

我们都明白，我们无法改变别人，只能改变自己。那么，面临一时无法消除的分歧，我们有没有办法换个角度来看待问题呢？换个思路去探索，也许会有意想不到的收获。

"命运给你的每一份礼物，都暗中标记了价格。"按照这个观点来逆向解读，生活中的烦恼其实也可能给我们带来巨大的财富！

分歧确实会带来很多烦恼，但是如果换个角度、换种思维来看待它，并且善加利用，那么我们遇到的绝大部分的分歧就很可能转化为宝贵的资源!

接下来,我给大家分享两个故事。

一、变对抗为合力

嘉会的三口之家生活安定,衣食无忧,但嘉会却觉得自己非常不幸福。让嘉会万分苦恼的问题就是丈夫对孩子的暴力管教。因为上小学的儿子非常顽劣,嘉会和丈夫经常被老师叫去谈话,每遇到这种情况,丈夫都会大发脾气,怒吼并下手打孩子。对此,嘉会非常愤怒,她既生丈夫的气,又心疼孩子,更担心孩子被打坏。每次遇到这种情况,嘉会都会跟丈夫对抗,保护孩子,结果往往升级到夫妻大战,夫妻感情因此受到影响。丈夫认为"慈母多败儿",责备妻子只知溺爱孩子,不知多加管教;嘉会则指责丈夫脾气暴躁、素质低、伤害孩子。久而久之,嘉会和儿子结盟,变得非常仇视丈夫,整日想着离婚,家庭氛围变得异常紧张与沉重。在这样的环境下,孩子的身心极不健康,临近青春期时出现更多问题,爸爸妈妈甚至都管不了。

嘉会遇到的这种困境,你是否在身边人的生活中见到过呢?我们又该如何改变呢?

针对嘉会的情况,我首先是陪伴她,倾听她的烦恼,等她倾诉完,情绪稳定下来,我们再一起讨论解决之道。我问她:"对丈夫如此反感甚至表达出痛恨之情,是要离婚吗?"嘉会说:"不会离婚。"其实她的丈夫很爱她,很多事情都顺着她,也总是想讨好她;她的丈夫也很爱孩子,对孩子什么都舍得,就是脾气暴躁,在孩子犯错时对孩子特别凶,还动手打;他们之间的分歧主要体现在对待孩子的态度上。她也觉得孩子挺气人,但是对丈夫打孩子这件事完全不能接受,而丈夫每次都觉得是她在给孩子撑腰,支持孩子养成坏习惯。明白了他们之间的主要问题,解决问题的方向就很清晰了。嘉会和丈夫都很爱孩子,但是不讲究方式方法。我们开始一起探索如何变对抗为合力。嘉会认识到可以首先和丈夫沟通以改善情况。她开始尊重丈夫作为爸爸的权威,不再明确反对丈夫,尤其在孩子犯错时,她不再挡在孩子前面跟丈夫对抗,这样就不至于让丈夫情绪失控,孩子也能少挨打了。嘉会不断努力改变自己。丈夫的改变也立竿见影,每次要训斥孩子前,他甚至会给嘉会倒杯水,先"讨好"她,再去管孩子,火气也小多了,打孩子的现象也慢慢少了。在儿子的教育问题上,两口子一个唱红脸一个唱白脸,互相配合,孩子的状态果然稳定了许多,在学校的表现也好了起来。夫妻俩处理问题的方式变了,将对抗变为合力,整个家庭氛围就发生了变化。而当夫妻关系越来越和谐,孩子也就越来越开心,全家就形成了合力。

二、从学习的角度来看,躲不开的烦恼也可以成为资源

大明的烦恼来源于妻子的家人。大明和妻子感情很好,女

儿在上幼儿园，马上要上小学。夫妻俩平日都要工作，孩子需要人帮忙照看。大明家是本地的，父母是高知，但年事已高，带孩子有困难；岳父母较年轻、身体好，于是大明将岳父母从外地小城市接来帮忙照看孩子，但这也带来诸多烦恼。岳父母身体好、精明能干、爱孩子，也把家打理得井井有条，但问题是岳母的市侩习气很重。有一次，大明在单位看家里的监控，发现正在带孩子的岳母肆无忌惮地在电话里说脏话，大明万分气恼。接下来，他留心观察，发现岳母在生活中有爱占小便宜的特点，大明非常接受不了岳母的这些毛病，担心会对女儿的成长有不好的影响。但因为他目前找不到其他人来带孩子，他感到非常苦恼。

我跟大明认真地分析了这件事。整件事情里，大明的烦恼来源于他对岳母缺点的不接纳，但又暂时摆脱不了岳母整天在孩子的生活里出现。那么如何看待和解决问题呢？想办法将烦恼变为资源便是可行的办法。首先要降低外婆的问题对孩子的影响。大明经常跟孩子讨论哪些行为可取，哪些行为不可取，比起外公、外婆，孩子明显更爱爸爸和妈妈，也更喜欢爸爸妈妈的处事态度。大明可以跟孩子一起接受外婆的缺点，知道这样不够好，不去学习就行了，这一点孩子了解得很清楚。他同时也教导孩子，作为晚辈要对外婆不批评、不指责，和外婆保持融洽的关系。之后大明夫妻尽量多抽时间来陪伴孩子，周末多带孩子出去玩，这样可以最大限度地降低外婆对孩子的负面影响。再者,孩子可以将外婆的这些行为当成资源加以审视,因为孩子不会也不需要活在真空世界。家庭本身就是一个学校,在一个个体差异很大的家庭里,孩子不仅能够学习各种能力,如开放胸怀、认识人的不同方面,而且可以见识到人情百态,从而在以后处理问题时更具灵活性。比如,外婆非常精明世故,孩子可以学习其精明的一面,也可以认识到有些人有市侩习气,这是不完美的一面。一个成功、成熟、心理健康的人,通常是:能严肃、能亲善;能撒泼、能撒娇。

大家要认识到,家庭中有不同的声音是件好事,因为这样可以互相讨论,看看是否可以修正成比较平衡和完美的相处模式。我建议家长为了孩子调整心态,放下执拗,心平气和地检视自己,听取多方的意见。这样,家庭中更容易有和睦的关系和愉快的气氛,营造出有利于孩子进步的好环境。

第五节
浸润式教养法如何惩戒

依据《中华人民共和国未成年人保护法》的相关规定，父母或其他监护人应当创造良好、和睦的家庭环境，依法履行对未成年人的监管职责和抚养义务。禁止对未成年人实施家庭暴力。家长对孩子实施家庭暴力是违法的，这种行为对孩子的影响也是有百害而无一利，故此，在家庭教育中，这样的行为应当避免。但在现实生活中，我们依然能看到一些家长在管教孩子时，采用一些我们并不支持的惩戒方式，有些行为已经在违法的边缘，有些行为虽未构成违法，但对孩子的管教毫无效果。在此，我觉得非常有必要对生活中普遍存在的惩戒行为及其效果进行探讨。

你在家里经常激励或者惩戒孩子吗？激励孩子，你的方式都有哪些？提起惩戒，你的第一反应是什么？你觉得自己的孩子有哪些行为需要惩戒？请快速写出五条目前你觉得自己孩子存在的、让你反感的、你认为需要惩戒的问题。针对这些问题，你都用过哪些惩戒方法？

家长如果愿意用心去做，激励是比较容易的，尤其在孩子的"小幼阶段"，精神上和物质上的奖励都可以激发孩子不断努力。只是家长要注意奖励的合理性，并且尽量避免同成绩和名次挂钩。激励的重点就是家长要从语言上时时地予以孩子肯定，不断给孩子增强力量。

我始终觉得，孩子犯错后一定要给他申辩的机会，教育的重点应该落在"明辨是非、承担责任，做出补救与整改，并且接受暂时的状态"上。

惩戒是我要说的重点。我们倡导浸润式地教养孩子，并不是说在教育孩子的过程中完全没有惩戒，而是如果确实需要惩戒，惩戒也必须建立在尊重孩子和对孩子有帮助的基础上。惩戒的形式有很多种，包括物质方面的、身体方面的、精神层面的。对孩子的惩戒要注意这样几个重点：惩戒需要师出有名；惩戒必须提前明确告知；响鼓不用重槌敲；惩之有道，一举多得。

一、惩戒需要师出有名

惩戒不是为了惩戒而惩戒，而是为了教育孩子，因此，惩戒需要师出有名。

惩戒孩子之前，首先要弄清孩子犯的错是否需要惩戒。比如作业未完成，写作业时磨蹭、情绪崩溃、做错题，考试成绩很差，说谎（若是源于父母给的压力，让孩子不敢说实话，则需要父母反思），等等，这些情况不能考虑惩戒孩子，因为这些恰好是孩子最需要帮助的情况。其次是一定要有明确的说法和合理的解释。什么是你的原则和底线，什么是孩子必须遵守的规矩，家里可以经常召开家庭会议，明确这些问题。什么样的事情是要惩戒的，如何惩戒，这些规矩需要得到全家人的认可。当然如果有其他解决办法，就不必上升到惩戒的层面。孩子在成长的过程中会遇到很多突发的事情，所以孩子在探索的过程中犯错在所难免。如果是之前没有讨论、约定过的事情，家长就需要重新就这一点制定规矩，同时要考虑惩戒的必要性，初犯则提醒下不为例，毕竟孩子也需要学习。家长的要求越合理、简单、清晰，孩子越容易养成好习惯。家长绝对不能在气头上不问缘由地对孩子发泄情绪，那样只会伤害孩子的感情，而且对孩子的成长和教育没有任何帮助。

二、惩戒必须提前明确告知

很多时候，孩子惹事了，家长往往第一时间情绪非常激动。在愤怒中，很多家长会不理性地对孩子发火，甚至打骂孩子。此时，所谓惩戒其实是家长感觉自己失败了而拿孩子撒气，这是极不可取的行为，需要杜绝。家长的暴力给孩子的身体和心灵带来的伤害很可怕，甚至有的家长失手打伤孩子，造成无法挽回的后果。同时，还要特别注意，在孩子毫无防备的状态下，家长突然情绪爆发很可能会给孩子带来重大伤害，即便孩子身体受损不大，但惊吓造成的心理问题往往也很严重。

因此，但凡要惩戒孩子，在惩戒之前，家长需要做的是先澄清事实。

警察抓人时，尚且会称之为"犯罪嫌疑人"，而非"罪犯"，不会当场惩处，而是要开庭审理定罪，犯罪嫌疑人在此期间还有请律师辩护的权利；那为什么你觉得孩子犯了错，他就连申辩的机会都不能有，而是被直接打骂呢？我们的孩子连犯罪的人都不如吗？家长但凡遇到孩子犯错的情形，请先管理好自己的情绪，先澄清事实，听听孩子的说法，给孩子足够的申辩机会。

事实澄清之后，作为家长，你需要帮助孩子分析这件事，分清需要承担的责任，讨论补救方式，然后再讨论是否需要惩戒以及惩戒方式。

如果孩子屡教不改，必须惩戒，家长就要和孩子商量好惩戒的具体措施，并明确告知孩子，让孩子准备好之后再实施惩戒。

这样，家长和孩子在心理上都有足够的准备，家长不会行为失控，孩子也不会受到惊吓，惩戒就能更好地起到教育孩子的作用。

三、响鼓不用重槌敲

你经常打骂孩子吗？频次如何？你在家里对孩子惩戒最严重的情况是怎样的？

响鼓不用重槌敲，是大家的共识。越是品质好的乐器，越是需要小心，需要用巧力来弹奏精妙的曲子，而不能用蛮力敲砸。

在职场上也是如此，越是好的公司，领导对员工越尊重；越是不够好的公司，领导对员工越容易呼来喝去。同样，在孩子的教育上，在日常生活中，你是把你的孩子当成了响鼓，还是破锣？你对待他的态度，是像对待一个平等而独立的人，还是像对待奴隶？你平常对孩子的惩戒方式和惩戒程度，已经从根本上给了孩子最深的暗示：我是一个值得被尊重的人，还是一个尊严可以被肆意践踏的人？

很多父母都很强势，往往操控孩子还不自知。事实上，判定这一点很简单，就是自问你评价和要求孩子的标准是不是"孩子听话"。如果孩子不听话，你是否会变得很生气，进而去压制，直至他听话。你如果是这样的家长，那一定是强势和操控型的。被家长强势操控的孩子，一部分会彻底懦弱无能下去，一部分长大后一旦有足够的力量就开始不断反抗，变得更加不听话；家长的暴力升级，孩子的对抗程度也随之升级。生活中有很多这样的情形：爸爸一直打孩子，直到有一天，爸爸没打过孩子，自己反而受伤了；也有很多家长一直打骂孩子，直到有一天，被孩子回骂和回打；又或者暴力不断升级，直到孩子开始试图自伤自毁，放弃自己。

被父母强势控制的孩子很难形成有力量的自我，更难建立自信。经常处在父母打骂中的孩子是很难培养出自信和高自尊的，除非他们早早在内心切断了和父母的感情，不再视父母为可以相信和依靠的人。这样的孩子，很难取得成就，只有极少数人才有机缘突破障碍，发展得好。但无论个人发展得怎样，这样的孩子和父母间的隔阂都是很难消除的。

世界上第一难相处的关系是伴侣关系，因为二者没有任何血缘关系，却在经济、亲密关系等重要的领域捆绑得很深；第二难相处的关系就是亲子关系，因为彼此都不能挑选和更换。

反观我们自己以及身边人与父母一辈的关系，有多少人真正喜欢自己的父母？现在的你是否看到父母就很开心，真心地愿意靠近他们？如果是，那恭喜你，你是个难得的幸福的人！那些日常不约束自己，随意谩骂和打孩子的家长，其实是个人情绪管理能力差且修养不够。事实上，并不是孩子气到了你，而是你对孩子没有爱，同样也根本得不到孩子的爱。亲子关系需要用心经营，不要让粗暴的态度不断地伤害原本血浓于水的亲情。

你如果希望培养出健康且优秀的孩子，对于惩戒，就一定要慎之又慎。杜绝暴力、善待孩子、使用恰当的惩戒方式，是你需要用心去思考和研究的。

四、惩之有道，一举多得

我个人非常认同正面管教中强调的和善坚定的态度。无论奖惩，家长对孩子都应坚持和善坚定的态度。家长要重视做事的性价比，尤其在教育上，更要秉承这样的原则，这样不但可以让作为家长的你更理性，也可以让你变得更爱思考，从而增添智慧。

惩戒孩子如果只是让自己出气，让孩子暂时畏惧，短时或许有点儿效果，但长期来看，其益处并不明显。而且那也不是在对孩子进行教育，惩戒用得不恰当，不仅会严重伤害亲子关系，还可能违反相关法律。

有些家长常年使用不大有效的惩戒方式，如打一顿、大骂一顿、罚站、罚写检讨、扣零用钱、责令面壁思过、罚抄写生字或课文、取消某一游乐机会，等等。

打肯定不行，如果把握不好分寸，可能会伤害孩子。骂完了，孩子可能不痛不痒，依然故我。冷暴力要么使亲子关系冷漠，要么被孩子无视。罚站浪费时间，徒增劳累。写悔过书是家长骗自己的把戏，如果你自己被罚写悔过书，你是真的认识到错了还是敷衍了事？有些人强调态度，总以为别人表示痛改前非才是认错，其实是自欺欺人。扣孩子零用钱可能一时有用，但后来你都会给回去，意义不大。常用面壁思过的方法实则毫无益处，虚掷光阴。罚抄写生字、课文等，很可能会引发孩子的厌学情绪。取消娱乐机会，家长日后多半都会补回来，因为我们不自觉地会想把好的都给孩子，孩子看透了这一点，惩罚也就没有意义了。

在合乎法律的范围内，有些惩戒方式在家庭教育中偶一用之可能会有效果，但是要慎重，并且要与时俱进。随着孩子长大，他们很快会看透你这个家长手里有"几板斧"，继而这些方法会越来越无效。

恰到好处的惩戒方式可以帮助孩子进步，家长要努力思考选择最具性价比的方式来惩戒，争取一举多得。

小文小时候比较顽皮，我偶尔也会惩戒他。我常用的性价比高的惩戒方式是读《朱子家训》。从孩子4岁起，我在厨房门口贴了一张带拼音的《朱子家训》，每当小文犯错要接受惩罚时，我都带着他认真读一遍《朱子家训》。等他稍大些，认识拼音、汉字了，就变成被惩罚时他站在厨房门口自己读一遍（不耽误我做饭）。等他再大些，惩罚时就渐渐变成了背诵《朱子家训》。多年来，我们经常讨论《朱子家训》的内容和意义，对于其中他不理解的句子，我也会做细致的分析和讨论。我的目的是于无形中帮孩子树立自己的行为准则。10年下来，小文对《朱子家训》可以说是非常熟悉了。我们在这种惩戒方法里有多少收获呢？值得一提的是，小文初高中参加语文考试，文言文部分基本没丢过分。

我在此抛砖引玉，也许你可以想出更有趣和更有效的方法。请尽情发挥你的创意，让惩戒的性价比也变得高起来，最好可以一举多得。

以上所有方法的讨论，其实都是围绕建立良好的亲子关系与营造和谐的家庭氛围而展开的。这是保证孩子身心健康的基石，也是促进孩子学业进步的重要基础。

----- • **心理训练小游戏** • -----

家庭中的每个人先互相拥抱,之后互相肯定(这是必不可少的一项,如果时间不够,就只做这一项)。

开个家庭会议。分别让你的爱人和孩子描述一下他们认为的家庭中奖惩的现状与合理性,并说出自己的期待。

做个亲子游戏,家人一起快乐地玩5分钟。

第 二 部 分

如何推动

不同状态的孩子

进入稳定的成功期

不要认为,只有当您与孩子谈话,或教导他,或命令他的时候您才在教育孩子。在您生活中的每一时刻,即使您不在家的时候,您都在教育着孩子。您怎样穿衣服,您怎样与别人交谈和怎样谈论别人,您怎样高兴和忧愁,您怎样对待朋友和敌人,您怎样笑,怎样读报——所有这一切对孩子都具有重要意义。

——[苏]马卡连柯

一个学生的学习状态，从努力层面分，可分为勤奋学习与不勤奋学习两种；从结果层面分，则有分数高与分数低两种。从这两个维度，我们可以把所有学生按不同的学习状态分在四个象限，四种状态可以转换：

第一，闲置期，不勤奋学习，分数低；

第二，淬炼期，勤奋学习，分数低；

第三，成功期，勤奋学习，分数高；

第四，待定期，不勤奋学习，分数高。

客观来讲，每一个智商正常的孩子都可以成为热爱学习的成功期学生。根据我多年从事心理咨询的经验，父母只要做法得当，就可以让孩子爱上学习，快乐学习。

而让孩子爱上学习，如同**"把大象放进冰箱"**一样简单：准备一个足够大，能容纳大象的冰箱；打开冰箱门；放入大象，关上门。

将一个不爱学习、分数低的孩子培养成一个热爱学习、分数高的孩子，分为以下几步：营造好的家庭环境，把孩子从闲置期或待定期推动到淬炼期，再从淬炼期推动到成功期，接着继续为孩子护航，将状态稳定住。

第一步，也是极其重要的一步，你要先有一个"冰箱"，也就是把你的家庭调整为一个适宜成功期的孩子生活的环境。第一部分的所有内容，其实都是准备这样一个"冰箱"的过程，以让你的家具备容纳"大象"的条件。接下来，我们的任务重点是如何"放"。而"放"的前提是，我们要了解孩子的学习状态。

第一章
学习状态的四象限分类法

第一节
对号入座，判断你的孩子在哪个象限

每个家长都希望自己的孩子学习成绩好，但是，你真的了解自己的孩子吗？你是否认真且科学地分析过，自己的孩子处于什么样的状态？

我们先借用一个象限图来学习与区分几个概念。闲置期、淬炼期、成功期、待定期四个象限，请家长根据孩子的情况对号入座，看看目前自己的孩子处在哪个象限。

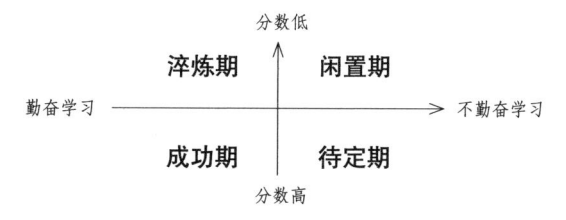

```
              分数低
               ↑
     淬炼期    |    闲置期
               |
勤奋学习 ——————+——————→ 不勤奋学习
               |
     成功期    |    待定期
               |
              分数高
```

我们从图中可以一目了然地看出，处于闲置期的学生：不勤奋学习，分数低；处于淬炼期的学生：勤奋学习，分数低；处于成功期的学生：勤奋学习，分数高；而处于待定期的学生，虽然没有勤奋学习，但分数比较高。就一个孩子而言，这四种状态其实是可以转化的。

待定期的孩子一般智商很高，但是成绩极不稳定，跳到闲置期的概率极大；成功期的孩子勤奋且学习好，保持下去，状态会越来越好，这也是最理想的状态；闲置期的孩子不爱学习、考试分数很低，但这类孩子在学校里未必是生存状态最差的，很多时候，这类孩子比淬炼期的孩子更有心理优势，但是停在这个状态的孩子的成绩是最糟糕的；勤奋学习但分数不高的淬炼期是我们认为的仅次于成功期的好状态，是进入成功期的必经之路，只是很多家长都没有意识到其可贵之处。对于勤奋学习但分数暂时还没有上来的孩子，如果家长在能力提升上能助孩子一臂之力，以正确的方式和方法加以引导，假以时日，孩子的分数是很容易提升的。

将一个闲置期的孩子推入成功期，其实可以分为这样几个清晰的步骤：第一步，环境准备；第二步，从闲置期转入淬炼期；第三步，由淬炼期转入成功期，然后努力保持。

第一步的环境准备是非常重要的，这也是成功的基础。

第二节
无论学习状态如何，做孩子永远的"加油站"

美国行为主义心理学家华生有个非常著名的论断："给我一打健康的婴儿，一个由我支配的特殊的环境，让我在这个环境里养育他们，我可以担保，任意选择一个，不论他的才能、倾向、爱好如何，他的父母的职业及种族如何，我都可以把他训练成任何一方面的专家——医生、律师、艺术家，或者是商界首领、乞丐或窃贼。"

华生认为环境和教育是人行为发展的决定条件，因此教育是万能的，他的环境决定论至今对我们的影响都是巨大的。

总而言之，环境很重要。但家长是否意识到，有一个至关重要却被大家忽略的环境，一个远比好的学区、好的学校、好的班级重要千百倍的环境，那就是你自己，还有你的家庭，它无时无刻不在影响你的孩子。这个环境的创设比择校、择班重要很多倍，也便宜很多呢！现在我们就一起来学习创设环境，为孩子提供支持，努力把家变成一个宜居的、让孩子爱上学习的快乐空间，让自己变成孩子的加油站。家长只有先成为一个成功期的家长，才能在孩子的学习过程中愉快护航。

根据我多年的观察和总结，能够快乐学习的孩子，其家长至少要具备以下10个优点中的5个。

大家可以对照一下，动动手指给自己打一下分。双手握拳，有一个肯定项就伸开一个手指，看看自己具备几项。这10个重要的优点是：

1. 对孩子的控制少；
2. 通情达理；
3. 关心孩子的健康超过学习成绩；
4. 开明；
5. 谦虚；
6. 乐于学习；
7. 尊重孩子；
8. 情绪稳定；
9. 生活中比较讨人喜欢；
10. 废话少。

伸开5个及以上手指的家长，请给自己点个赞！

注意：你对自己的看法可能和孩子对你的看法差异非常大。可以让孩子给自己打分，然后对比并讨论一下，相信你会有意外的收获。

如果你的孩子现在成绩比较差，没关系，重要的是作为家长的你要即刻开始学习和成长。接下来，我教大家一个简单的心理学催眠方法，帮你向成功期孩子的家长迈进，也真正地帮你把"冰箱"也就是环境准备好。

你准备好了吗？你准备好努力成为一个成功期孩子的家长了吗？很多时候，环境决定一个人的高度，你的家庭是否准备好容纳一个品学兼优的孩子？如果是，请你轻轻地点点头。

我们要开始了。家长要努力做好自己的心理建设，在家庭中给孩子一个积极定位：视你的孩子为一个将来非常成功和幸福的孩子，一个受人尊重、积极进取的孩子。

我们一起来做下面的小练习：

心理训练小游戏

现在，请你认真回答：你希望你的孩子成为成功、幸福的孩子吗？如果是，请竖起你的大拇指！

很好，很好！

现在，请跟我一起说3遍，同时，每说1遍都竖起你的大拇指：

"是的！我希望我的孩子成为成功、幸福的孩子！"

好的，你做得很好。我相信，你已经准备好了，准备好成为一个成功期孩子的家长，并愿意给孩子创造一个幸福宜居的环境。

接下来，请认真听我下面的话，认真跟我做小催眠：

> 找一个舒适的位置,让自己坐着,调整自己,放松自己,做三次深呼吸,闭上眼睛,想象着你的孩子现在的样子,他的脸的轮廓、他的表情逐渐清晰地展现在你的面前,觉察你面对他时你的感受、你的情绪。
>
> 好,现在,让你的嘴角上扬15度,保持微笑的表情,每次呼气注意双肩放松,保持心情愉悦,想象眼前出现记忆中你的孩子最可爱的样子,想着他的可爱,想着他对你的爱和依赖,你对他绽放微笑,亲切地表达爱他、欣赏他。现在,大胆想象不久的将来,或许一两年后,或许三五年后,你的孩子不断地努力,变成了一个品学兼优的成功期学生。他非常优秀,也非常快乐,同时非常尊敬你、喜欢你,想象此时你面对他时的心情、你对他的态度、你周围的人对你以及对你的孩子的态度。对,就是这样,充分去想象和感受那份愉悦,你会对你的孩子说什么、你会为他做些什么。对,非常好。感觉最强烈时深呼吸、握拳,把这份美好的感觉留在身体里,留在心里,重复想象,总有一天它会变成现实。现在,慢慢睁开眼睛,回到现实。

刚刚我们做了一个非常棒的信念植入,如果你认真做了,就给自己点赞!

我们通过信念植入的方式对自己和孩子重新做了定位,这种信念植入要不断去训练,并在当下就把孩子当成理想的孩子来对待。因为有时环境会对孩子的学习起决定性作用，所以你的心态、你对他的态度、说话的内容和语调都要按照理想的状态调整到位，这些都可能会彻底影响他。

　　家长在平日要经常做这个练习，并要求自己在生活中就用这样的状态、心态去对待自己的孩子。反复练习，你慢慢就会成为孩子的"加油站"，然后再通过不断训练，你就能营造出好的家庭环境。这样，你就为自己的孩子进入成功期做好了环境上的准备。

第二章
闲置期：锚定重复力

第一节
学习的内核是重复

孩子一旦入学，学习几乎就成为家长们最为关注的事，为使孩子学习成绩好，家长们可以说操碎了心。如果你也是如此，不妨停下来问问自己：什么是学习？学习的内核是什么？

首先你要知道，让你如此看重、如此焦虑的学习，它的内核是什么。

作为一名孩子的家长，我培养出了高中时人人称羡的"别人家的孩子"。之所以能达到这样的效果，是因为我始终在引导孩子主动、愉快地去重复。

在我看来，学习非常简单，学习的内核其实就是重复。

重要的话说三遍：

学习的**内核**其实就是**重复**。

学习的**内核**其实就是**重复**。

学习的**内核**其实就是**重复**。

"书读百遍，其义自见。"常有家长说，孩子学不会某科目，也有些孩子觉得某一部分内容很难。正规的学校，教学大纲安排的内容都是符合该阶段学生平均水平的。智商正常的孩子，或许因为个体差异，掌握知识的速度有快有慢；但是只要耐心地重复，熟能生巧，就可以掌握。也就是说，只要孩子的智商正常，就不存在学不会的情况，所有的知识和技能都是可以通过大量重复来习得的。因此，家长和老师需要关注的是：孩子是否愿意重复，是否有耐心重复到足够的次数，直至掌握。

举个显而易见的例子，如果考试的内容就是写你的名字，你是不是很容易就能得到100分呢？你会写错吗？不会。为什么？一个重要的原因就是你对你的名字足够熟悉，这种熟悉从何而来——你重复过无数次，重复到超级熟悉的程度。因此，孩子在考试时出现的不会、答错、紧张、记不清楚等问题，都是可以通过重复来解决的。

家长首先要为孩子提供一个理想环境，让孩子可以在里面安心重复，然后家长要想办法推动孩子愿意重复足够的次数。

家长可以想想，当孩子在学习上遇到困难时，你通常都怎么做？你所做的是否有助于孩子主动、愉快地重复？

下面，我为大家提供一个心理训练的场景。

> ──── **心理训练小游戏** ────
>
> 我们假想一个场景：**孩子某次考试成绩很差，差到家长不能接受。**
>
> 1.先做个深呼吸，把自己代入这个场景，想象面对拿着试卷的孩子，你的表现怎样，试着清晰地呈现你的表情、你的心情，你对孩子的态度，你会对孩子说什么、做什么……
>
> 如果可以，把你"看"到、体验到的情景写下来。
>
> 2.再次深呼吸，同样的场景，这一次你想象自己做孩子，眼前浮现上一幕中的那个你。看到家长的表情、情绪，以及听到家长对你说的话，观察家长对你采取的行动，面对那样对待自己的家长，作为孩子，你的心情是怎样的？你会如何应对？
>
> 如果可以，把你作为孩子的感受也记下来。然后认真对比思考一下你有什么收获，也可以写下来。
>
> 你觉得，以你的方式处理完之后，你的孩子会更加喜欢学习和考试吗？如果不会，问题出在哪里？

孩子答完的一份卷子，无论分数多低、错多少题，只能说明到目前为止有些内容孩子掌握得还不够扎实。只要你安抚好孩子的情绪，让孩子愿意把不会的琢磨会，并进行重复学习，他就可以完全掌握。我们可以让孩子重复做同样的卷子，找出薄弱项，再次重复，直到做这份卷子能轻松得满分，孩子就完全掌握了。

作为家长，为孩子提供一个可以让其安心重复的理想环境，并且努力推动孩子主动、愉快地重复足够的次数，这是你的任务。

主动、愉快地重复，从行为上显现出来，就是勤奋。

重复会使一开始接触时觉得异常艰难的事情，慢慢变得容易。勇敢面对，熟能生巧。无论多难的事情，只要再试一下，孩子就会发现难度明显有所下降；再次重复，不断去重复练习，之前觉得万分艰难的学习内容就会变得轻松很多；等重复足够多时，孩子就会发现当初难到让自己崩溃的题，做起来好轻松；重复到恰恰好的时候，孩子就会有得心应手的感觉。

孩子需要在这个不断重复的过程中累积经验，不断深刻领悟重复的力量。只有遇到困难时不逃避，想办法克服，才能得到提升的快乐。

而我们作为家长，需要做的事情就是引导孩子，让孩子愿意重复，并且在这个过程中陪伴他们，让这个过程充满爱和力量，**支持孩子通过重复去提升自己。**

这个过程其实并不简单。家长要不断提升自己，有能力去解读和分析发生的紧急情况，并做到：不责备孩子，允许孩子宣泄情绪，要包容和托举孩子，及时安抚他们的情绪，帮孩子树立信心，引导孩子重复练习。这样，孩子没有负面情绪，就会更勤奋地投入学习中。

不断地重复和巩固，帮孩子建立正向循环，孩子的内心深处就会越来越坚毅，越来越有克服困难的勇气。

我的学生雨旋就是一个这样的例子。在她身上发生的蜕变，让全家人充分感受到了重复的强大力量。

我认识雨旋时，她上二年级，她的妈妈总是担心她的学习能力差，因为她的数学成绩经常是六七十分。了解她后，我发现雨旋的个性属于慢热型，有主见，性格坚韧，弱点是对于新知识容易产生畏惧感，掌握得比较慢，但如果有足够的时间巩固，她通常能有明显提升。雨旋学习很认真，她需要的就是在遇到新知识的时候，重复的次数比其他孩子多。于是我向她推荐最适合她的教辅，并根据情况随时调整。

雨旋喜欢和我沟通，也非常勤奋，需要完成的训练她都能保质保量地完成。另外，针对她的问题，我跟她妈妈做了深层次的沟通，有针对性地指导她妈妈更多地接纳和肯定她，遇到问题及时讨论和解决，悉心护航她的重复过程。她的妈妈成长得非常快，她们之间的关系也变得越来越融洽。在之后的陪伴过程中，妈妈把爸爸、姥姥都拉进来一起参与做题，还经常和孩子比赛。随着孩子做题重复次数的增多，她做题的速度也越来越快，家长根本无法超越，孩子也特别有成就感。有一次，雨旋爸爸做分数的题时，完全没有思路，都进行不下去，雨旋笑着说："我来给你讲吧。"在这种环境的激励下，雨旋的学习兴趣更浓了，也更勤奋了。此外，妈妈也会带着她回顾曾经做过的题，以前做用时多少，现在做用时多少；以前错几道题，现在错几道题。由此可见，学习就是不断重复的过程，重复的次数多了，知识也就入脑入心了。重复练习带来的进步让雨旋坚定了学习的信心。很快，她在学校的各科成绩都名列前茅。

妈妈工作非常忙，姥姥陪伴雨旋的时间比较多。姥姥总结说："以自学为引导，重复为核心，铸就自信心，最关键的是有王老师这位细致入微的心理专家辅导，这些都帮孩子提升了学习主动性。"

对于接受新知识能力较差的雨旋来说，重复不仅不会让她觉得自己是个笨孩子，而且还能帮助她在不经意中夯实基础，培养了扎实的数学计算能力。后来，雨旋在几次数学百题计算的竞赛中都拿到满分，并且都是前几名交卷，这极大地增强了她学习数学的信心。同时，她也能举一反三，把重复、坚持的习惯运用到其他学科中，力求熟能生巧。我曾经问雨旋有什么体会，她不假思索地说："坚持，重复。"相信她一定能把这股韧劲用在各个方面，并在持续的重复中，成为一个优秀的"别人家的孩子"。

第二节
聪明但不好好学的圈套

经过观察，我发现学校老师常常这样评价孩子："你家孩子挺聪明的，就是不好好学！"

作为家长，该怎么理解"你家孩子挺聪明的"这句话？

自从小文成为货真价实的成功期的孩子，我每次去学校，再没有出现过以前那样被老师训斥的窘态。几乎所有的老师都热情地向我夸赞小文，说他的优点太多了，但奇怪的是，我几乎没听过老师说我家孩子聪明，甚至老师常说："你家孩子在学校里不算聪明的，就是特别热爱学习。"弄得我有点儿郁闷，我家孩子在重点高中里"数理化"考试经常能拿年级最高分，咋能算不上聪明呢？

相反，我听过无数学习成绩不好的孩子的家长在开完家长会后跟我念叨："老师说我家孩子挺聪明的，就是不好好学！"这样说的家长，有教师、公务员、自由职业者、开小卖部的、农民工……作为家长，你想过学校的老师为什么这么说吗？

众所周知，老师比较喜欢勤奋好学的学生。不认真听讲、不按时完成作业，这些行为本身就是对学校老师的挑战和不尊重，这样的学生即便暂时成绩好，老师们也没那么喜欢的。我分析后认为，最有可能的情况是：老师算是文化层次比较高的一个群体，而中华民族的传统美德之一就是有礼貌，老师也不会轻易让家长下不来台。"你家孩子不认真学习，上课不好好听，成绩那么差，真的是几乎找不到优点了！"老师总不能直接这么说。况且任何一个健康的孩子，总能找到一两处显得聪明的地方。所以在提出批评意见之前，老师会安慰一下家长，"你家孩子挺聪明的"，这样沟通起来气氛就会好很多，这种做法也几乎成了老师的不二选择。

近年来，国内比较流行的心理学疗法"简快身心积极疗法"里关于信念系统与理解层次的理论认为，人类的大脑在处理任何事情的时候都有六个层次，从下往上依次是：**环境、行为、能力、信念价值、身份、系统**。理解层次的用处特别大，它在与人沟通里最有效的一个应用方法就是：你要是批评人，把言语内容控制在越下面的层次越好；夸人，则越往上面的层次越好。比如，别人打碎了玻璃，你批评人就尽可能停留在环境和行为层面上："今天的风真大啊！你的手怎么不再拿得稳一点儿啊！你要是不用一只手拿着，是不是就不会打碎了？"再往上点儿，说到能力层次："你就是专心程度不足！"这样也不会引起对方的火气。而如果你直接上升到身份层面："你存心想害人，就是一个人渣！"这样你们二人就很容易打起来。夸人时，越往上面的层次夸则越让人舒服。老师说的"你家孩子挺聪明的"，其中的"套路"深就深在，夸你家孩子聪明、遗传好，这是超越能力、信念价值、身份的层次，直接夸到最高级的系统层面上了，这是让人非常舒服和着迷的。因此，很多家长把这句话当真了。

很多家长喃喃重复"我家孩子挺聪明的"这句话时，是没有觉察到自己内心活动的复杂性的——有无奈，有自我安慰，有希望，有自豪，还隐隐有种言外之意：我家孩子挺聪明的，只是贪玩，只要我家孩子好好学习，肯定比你家孩子学习好。若陶醉在这种自欺欺人的想法里，你就完全忽略了老师要表达的重点：只有勤奋学习的孩子才能成功。身处闲置期的孩子如果认识不到勤奋的重要性，不加以改变，是无法进入成功期的。

如果老师跟你谈孩子学习的问题时，先说你的孩子聪明，那么作为家长，你就要警惕了。接下来你的思路非常重要，究竟是为了面子去和孩子一起维持聪明的假象，并指责孩子不好好学习，还是开始正视现实，发现孩子确实不够聪明，学习中要加强练习？如果孩子不勤奋学习，一定是你之前没有用恰当的方法帮孩子养成勤奋、脚踏实地的学习习惯。

要培养孩子勤奋的习惯，我们做家长的首先要知道并经常跟孩子明确这样的道理："**勤奋学不好，远胜于不学。**"勤奋但成绩还不理想、处于淬炼期的孩子，其状态远远比不勤奋且分数低、处于闲置期的孩子好很多。因为后者希望渺茫，而前者可以厚积薄发，逐渐向成功期转化。聪明的程度是天生的，不是自己能选择的，并且每个人都是独特的，这不存在值得夸奖之处。而爱学习、肯学习、勤奋这些好习惯，却是心理强大的人才具备的能力。因为这涉及能否掌控自己的情绪和行为，这是一种卓越的心理能力。这种能力需要不断地修炼才能具备，不是轻易就可以做到的。同时，勤奋，又是每个人都可以通过努力做到的。

聪明程度决定了一个人发展的下限，努力则决定了上限。以多数人的努力程度来说，根本没达到拼天赋的程度。所以，成绩的高低并不是家长最需要重视的，孩子是否努力，是否勤奋，才最值得重视，勤奋努力才是奠定他成功人生的基础。因此，哪怕孩子在相当长一段时间内成绩没有太大的进步，家长也一定要尽全力把孩子从闲置期推入淬炼期。

第三节
摸清影响勤奋的心理根源与因素

孩子能不能进入成功期，关键在于孩子是否勤奋学习。让孩子从闲置期进入淬炼期，是所有步骤里看起来比较容易的一步，因为大家都知道成绩好的学生必备的特点就是勤奋，勤奋与否决定了这种转化能否成功。所以只要你的孩子变得勤奋了，就意味着他由闲置期进入了淬炼期，取得了这一步的胜利。是不是听起来蛮轻松的？其实真正做到并不容易。

既然孩子能不能进入成功期的关键要素是孩子能否勤奋学习，那阻碍孩子勤奋的心理根源是什么呢？

由不勤奋变得勤奋，这一步在很多孩子身上要实现是非常不容易的。阻碍孩子勤奋的一个心理根源，在于一个常见的思维误区：智商高的人比勤奋的人要高一等，聪明是值得骄傲和炫耀的，而不勤奋似乎只是个次要的缺点。

很多人在潜意识里都有这样的想法，也常会表达出来。比如，我们常常会听到周围人说出类似的话：

"我就是不爱学习，要是我爱学习，肯定比××强多了！连他那么笨的人，都能上重点大学。"

"我家孩子脑子特别聪明，就是懒点儿，他要是肯学习，学习成绩肯定特别好！"

甚至我们自己也说过这样的话。这些话看似轻描淡写，实际上放在心理学中解读的话，其产生的负面效应是非常大的。因为潜意识对人的影响远远大于意识，这些话隐藏的含义会驱使人努力保持一种心理上的高姿态，从而否认勤奋的重要性。

所谓聪明孩子不肯勤奋往往有这样一种隐藏的、重要的内心活动：我怕努力了却没有得到期待中的效果。如果现在刻苦学习，将来的学习成绩还是差，那么大家就会觉得我根本不聪明，"聪明"这种虚荣也没办法维持了。于是，非常多的孩子会故意表现出懒惰的一面，以维持自己"聪明"的形象。这是阻碍勤奋的心理根源，闲置期的孩子会有这种心态。

所以，做家长的如果总不自觉地这样归因和自我迷惑，经常有意无意地说类似的话，潜移默化之下，你的孩子就会很在乎自己是否聪明，而特别容易轻视勤奋的力量，哪怕他曾经有过这种能力，也会轻视这种能力的价值。

影响孩子勤奋的还有三个重要因素，即没有目标或目标失当、缺乏主动性、过于疲劳，这三个问题能否解决好关系着孩子能否从闲置期进入淬炼期。

一、明确恰当的目标

一个人如果没有明确的目标，是很难生出前进的动力的，尤其是面对一些需要格外付出心力才能完成的任务。目标带给人动力，也带给人压力，制定目标不是一件容易的事情，目标过低或过高都会影响做事情的动力。心理学中有一个著名的"倒U曲线"理论，这种理论认为人在学习的过程中，适度的焦虑有利于学习效率的提高，也就是说，太焦虑和零焦虑都不利于学习效率的提高，有时候反而会降低学习效率。这和人的大脑结构有关，人在学习时需要放松大脑，太焦虑肯定不利于学习，而零焦虑则会使大脑懈怠，根本无法提高学习的积极性。

很多孩子没有目标。家长给孩子定的目标都出于自己的想法，不一定适合孩子当前的状态。制定目标需要切合实际，因为合适的目标能激发孩子的学习动力，进而决定他们在学习上能够付出的程度。

每年寒暑假，全国各地到清华大学、北京大学"朝圣"的学生与家长如过江之鲫，可见"清北"在国人心中的地位。多少孩子在刚上学时，立下的目标都是考上"清北"，就如封建社会的学子期待中举一般。如果孩子刚上学，他的理想不是"清北"，就好像没志向似的。慢慢地，家长就会看清事实，智商高且勤奋学习的孩子才可能考上"清北"。天赋之外，才是教育力量显现的地方。智商高的孩子不努力，长大也可能很平庸。人可以有梦想，但面对现实也很重要，两者结合更有利于成为最好的自己。

关于目标，我在孩子上学前就跟他多次认真明确地沟通过，即他到18岁时，如果选择继续读书，父母可以继续供他读；如果选择不读书，就要去找工作养活自己。我认为父母只要把孩子培养成为一个自食其力、对社会有贡献的人，教育就是成功的。因为孩子的路不可能由我们安排或替他走，需要他自己决定和面对，他发展得怎么样，我们都应该接受。孩子非常认同这个目标，他明白未来的选择权在自己手中。当未来由他自由掌控时，他不仅不会感受到来自父母的压力，也不会给自己施加过大的压力。责任交还，自己选择自己的人生，孩子才会有真正的动力。

最后，孩子经过比较和选择，认为读书，至少读完研究生是能带给他最好生活的途径，并且他要把书读好，要认真学习，因为这完全是为了自己。这也是他一直以来非常勤奋且主动的原因。

二、培养主动性

要想培养孩子的主动性，除了树立正确的目标，还要把孩子需要负责的事情渐渐放手交给他。学习是孩子自己的事情，我们是辅助者，不可以越界。关于孩子的主动性，有一个很重要的衡量方法，对于学习，如果孩子比你着急，你就成功了；反之，就是你越界了，越界则调动不出孩子的主动性。家长要经常自省，明确自身的定位，尤其是在教育孩子的过程中出现问题时。比如，孩子的某些行为令你愤怒时，或者孩子开始跟你对抗时，你就需要认真思考一下，你对孩子的要求合理吗？检查自己是否有包办、代替、妨碍孩子成长的做法。

三、避免过于疲劳

我们倡导勤奋，很多家长就振振有词地表示自己给孩子安排了多少课程。曾经（2017年）在某个培训中心，我看到一位家长认真地在纸上写：上午×点到×点上英语、数学、语文，下午×点到×点上××。看着太多的孩子课余时间马不停蹄地穿梭在各种补习班，我真的觉得心疼！小学生"写完作业看日出"，这是勤奋吗？这样的方式只会催生孩子的厌学心理。人人都知道过犹不及的道理。我们上班还要每周休息两天，如果周末去加班，做好了没有奖励，做不好要受批评，你还会勤奋工作吗？你还会有热爱工作的态度吗？

勤奋不等于超负荷地拉长学习时间。我认为，按部就班上课，课上认真听，课后认真完成作业，不会的肯下功夫去研究，重视学习的质量，这就是勤奋。

"十年寒窗苦"，关于勤奋，还有一个重要的界定。我认为，真正的10年寒窗是指高中3年、大学4年、研究生3年。这10年，是孩子在学习习惯养成后，要全力以赴学习的10年。在幼儿园阶段和小学阶段，要避免孩子产生对学习的过度疲劳感，家长们对这一点要非常重视。我们该做的是，如何恰到好处地鼓励，以帮助孩子不断地坚持下去，保持勤奋的状态。

只要孩子开始勤奋，就意味着他从闲置期进入了淬炼期，哪怕他的成绩暂时没有大幅提升，孩子也已经开始变成一个有前途的孩子。

第四节
引导孩子勤奋的"魔法碎碎念"

剖析了影响勤奋的心理问题,明确了勤奋的重要性后,我们再来探究一下如何让孩子做到勤奋。

一、给孩子戴一顶"勤奋"的帽子

作为一名经验丰富的心理学工作者,我对勤奋的定义是:按部就班,为所当为。勤奋习惯养成的关键期在小学,但是无论对哪个年级的孩子来说,只要按时上学,上课认真听,课后认真完成作业,把该预习、该复习的都做完了,就是勤奋。

在判断孩子是否勤奋这一点上我从不纠结,我也不纠结于判断孩子是否真勤奋,因为我有一个简单而有效的解决方法,那就是一如既往地用我的神奇良方。这个良方就是:从小到大,无论孩子勤奋与否,我在所有和他的互动中,在所有人面前,都坚定地说他是个勤奋的好孩子。再重复一遍:在所有人面前,都坚定地说他是个勤奋的好孩子。

这一招屡试不爽。有人说"鼓励重复一千遍都能成为习惯"。我的孩子对我比较信任,是因为我从来不会冤枉他。如果他真的勤奋，得到了肯定，他就会很高兴；如果他不勤奋，还得到了肯定，他心里就会觉得惭愧，会不好意思，之后就会勤奋些。

在懂得了勤奋是唯一的成功途径后，你需要变换各种形式，像植入广告那样将这种理念植入孩子脑中。这是把孩子从闲置期推入淬炼期，培养孩子勤奋的重要且有效的方法。

二、"操控"孩子把学习与愉悦的情绪联结起来

很多人觉得心理学很奇妙，认为懂心理学的人能够影响甚至"操控"别人的情绪。这种想法虽然不十分准确，但有一定的道理。我们可以对这种特质善加利用，去影响孩子的情绪。

我首先教大家一个简单易行、能影响甚至"操控"孩子学习情绪的小方法。这个小方法非常重要，也很有效哦！可以快速地让你调整好自己的状态，进而去影响别人。你准备好了吗？放松，连做三次深呼吸，连给三次最灿烂的笑容。然后保持这个微笑的状态去面对孩子。大家认真试试看，对我来说，这个方法屡试不爽，非常重要。它不但适用于改善孩子的学习，也适用于你打算与之改善关系的任何人。请记住，从今以后，只要涉及孩子的学习，就可以首先用这个方法调整好自己，然后再跟孩子沟通有关学习的事。当你微笑着调整好自己的情绪后，你说话的语调和语气都会不自觉地变得很好听，你说话的内容也更容易被孩子接受，你们之间的关系也会更和谐。并且，如果长期坚持这样做，我们就会促成一件大事：成功地把好情绪与孩子的学习联结在一起。若是愉悦的情绪跟孩子的学习完美结合，孩子只要想到学习就会生出愉悦的情绪，那孩子自然就不会反感学习了。

但凡跟孩子提学习的事，请先放松，连做三次深呼吸，连给三次最灿烂的笑容，然后再找孩子说话。有人会问，这个训练的频次是多少呢？我的建议是，最好日日练习，时时刻刻练习，直至把它变成你的一个习惯性动作。那样你会发现你开始变得让孩子喜欢了。

第五节
用浸润式教养法全面提升学习兴趣

闲置期最重要的是锚定重复力，但这里有一个非常重要的前提是，孩子愿意重复。这就不得不说到兴趣。没有兴趣，孩子恐怕很难坚持重复。关于学习兴趣的培养，相关的指导和建议特别多，大家觉得效果好的可以继续坚持。接下来，我从自己的角度跟大家分享一下经验和心得：如何培养孩子的学习兴趣，直到培养出一个对学习十分热爱的孩子。

在小文初中毕业前，我们讨论了他是否去国际学校的问题。很多孩子因为不喜欢高中功课太多，才选择国际学校。小文却认为，高考这么好玩的事，如果不参加一下，就太遗憾了。他高二时学习特别紧张，我常看他每天放学后还要花5个小时左右的时间完成作业。有一天，我问他对上公立高中的感受，他说："我觉得我的高中生活特别快乐！我太喜欢学校的老师和同学们了！"当时这样的回答超出了我的预料。教过他的很多老师都对我说，教了这么多年书，从没见过像小文这样主动学习、热爱学习的孩子。初中3年，他经常在轻松高效地完成学校的大量作业之外，自己刷题，做很多练习册，然后推荐给数学老师，并告诉他们哪本最好。我要做的就是限制他的学习时间，保证他每晚10点能上床睡觉。小文完成作业的效率很高，他极喜欢数学和物理。上高二以后，他的数学偶尔能考满分，解出一道难题也会特别快乐。他喜欢老师，上课时坐在第一排，听课效果也非常好。他对考试成绩保持平常心，能够体会到学习本身的乐趣，并且能热情地去体验生活。

我是如何培养出这样一个热爱学习的孩子的呢？

首先，我最初的目标就是让自己成为一个成功期孩子的家长：控制少、通情达理、关注孩子的健康超过学习成绩、开明、谦虚、乐于学习、情绪稳定、在生活中比较讨喜、废话少；其次，我的家被我打造成了成功期孩子最宜居的环境，我与孩子沟通时，把他看作一个成功、快乐的人。我很早就让孩子自己做决定，走读书这条路去成就自己，并让他清晰地看到未来自己的发展方向和种种可能。我还树立了勤奋的理念，并以身作则。除此之外，我在孩子的学习兴趣、学习能力、生活习惯（包括学习习惯）的培养上也下了很大功夫。

先谈学习兴趣。只要提学习，我一定会先微笑三次，然后带着愉悦的心情去和孩子沟通。现在请你调整自己，和孩子提学习前先微笑三次，这样沟通效果最好，你也能得到最大的收获。

一、学习兴趣的大敌

疲劳感、强制、刻意、目的不明确、没有成就感、没有量化的进步、生活没乐趣，这些都是阻碍孩子学习兴趣形成的大敌。所以家长在孩子的幼儿阶段就要格外注意：学就是玩。要用游戏的方式学，鼓励孩子探索，教孩子交朋友。为了培养孩子的学习兴趣，一定要避免灌输。

二、培养和保护孩子学习兴趣的三大原则

家长想要培养和保护孩子的学习兴趣，需要明确以下的原则：

原则一：决不刻意只追求知识和技能的数量，不追求短期效果，而是引领孩子体会数学、文学、艺术等学科的美。

家长要点亮孩子的生活，让他知道，这些美好的东西他都可以去探索。家长要做的事是启迪，是给孩子埋下渴求和热爱知识的种子，是不限制孩子的自然反应，只愉悦地带领孩子浸润其中。

原则二：留白。

首先，留白体现在时间安排上，尤其是在高中之前，家长绝不能把孩子的时间安排满，一定要让孩子有无所事事的、发呆的时光，让孩子觉得时间是自己的，充满自由感。其次，留白体现在心理上要有足够的空间，家长要让孩子始终有余力探索他感兴趣的一切。

家长在孩子小的时候给的知识量要少，最好让孩子总有学不够的感觉，而不是让孩子因学过多知识而感到压力大。从上幼儿园开始，我就注意不让孩子为作业所累，给他的知识量总

是在他能轻松驾驭的范围内。他的学校作业完成得很快，基本上在我下班回家之前就完成了，之后他拥有完全自由的时间。他在小学阶段每天放学后都在外面玩、疯跑。

很多家长甚至在孩子没上幼儿园时就给孩子报英语学习班，劳心费力，伤财，但很多孩子并没有因此对英语产生兴趣，英语成绩往往也没有太大起色。在学英语上，小文一直很省钱、省心，小学期间基本上没有上英语补课班，直到上了初中，他才开始学习《新概念英语》第一册。我们很好地保护了他的学习兴趣，结果他对于学好英语这件事非常积极，在初一开学以后的3个月内，他就把初中词汇全部背了下来，在之后的英语学习中，他一直很积极，成绩也不错。

原则三：在孩子面前谨言慎行，不妖魔化学习，不用学习来作为惩罚，绝不把任何负面情绪跟学习联系起来。

很多家长觉得待在自己家里，可以完全放松，因而在孩子面前说话非常随意，想说什么就说什么，根本不思考。这样做，往往会给孩子造成很多负面影响，尤其是在孩子小的时候，他们对父母的话是高度敏感的，无时无刻不在关注父母的言行。如果孩子从你平时的言行中发现你说一套做一套，他就会对家长产生怀疑。很多家长无意中会妖魔化学习，比如会说"学习不好一辈子就废了"一类的话，或者孩子考试成绩不好就非常沮丧或者愤怒，考好了就得意扬扬，这些都在无形中妖魔化学习。很多家长把学习作为惩罚孩子的手段，结果是毁灭孩子的学习兴趣。还有，在孩子学习期间，家长一定要做到不笑不说话。因为家长在陪伴孩子学习时，5分钟不笑一笑，通常说话的声音就变得非常难听了。孩子如果在这种环境下长大，一提起学习就联想到家长的恶声恶气，时间长了就会把负面情绪与学习联系起来，难以生出学习兴趣。

三、培养学习兴趣的重要方法——浸润

灌输与浸润是相对立的两个概念。灌输是高压的、刺激性强的、刻意的。用声音来举例，大的声音会让人在生理和心理上产生排斥，遇到就想捂耳朵，避免被入侵和受伤害。这种让你想捂上耳朵保护自己的方法就是灌输。而浸润是温和、不动声色的，让人觉得亲切和愉悦。轻柔的声音才是和潜意识对话，才是直指人心的。因此，我们教育孩子，最好是用浸润的方法。

不少家长谈起培养孩子的兴趣，大多都会从这些角度来说：我家孩子钢琴考试到几级啦；我家孩子会背多少古诗；我很早就教孩子认字，孩子在上学前认识上千个字啦！我家孩子在幼儿园做100以内加法都考100分啦！我对这些都不看重，并且对这些家长有些担忧。我更看重孩子的兴趣和他的成长状态。很多家长的本意是培养孩子的兴趣，但最终可能在不经意间给孩子带来了伤害。比如不少孩子考了钢琴的十级证书，最后却恨透了钢琴，再也不肯碰一下；很多孩子小时候认识很多

生字，长大了却严重厌学。孩子没有自己的生活，没有令其愉快的兴趣，是很可怕的事情。

小文是个极其淘气的孩子，该如何对其进行最困难的文学浸润呢？

早年我听过一位大学教授的课，她说父亲教她学诗词，抱着很小的她在花树下面跑，说："红杏枝头春意闹。"只要她到父母身边，父母就给她讲一点儿诗词，然后任由她跑掉。我对此是非常有同感的。我没特意给孩子做过早教培训，但会时时注意给孩子一些浸润，绝不灌输，给他的东西少而精，美而有韵味，也注重实用性。比如，在小文很小的时候，大约几个月大时，哄他睡觉比较难，我就用优美、舒缓、平淡的声音，闭着眼睛背所有我会背的诗歌给他听。当时背得最多的就是《长恨歌》，通常背到"渔阳鼙鼓动地来"，我都要睡着了，他还没睡着，真是累人。小文在1岁半的时候，有一天在洗澡时，突然说出了"温泉水滑洗凝脂"。

小文小时候非常淘气，像小猴子一样，几乎一分钟也闲不住，总是跑来跑去。有时候我带他出去，就会背一两首我最喜欢的诗词给他，他虽然丝毫不感兴趣，但因为爱妈妈，还是会给妈妈几分面子。反正他无事可做，妈妈说得很陶醉又简短，就偶尔听听，让他说一两句也配合。比如在小文四五岁时，我们每次去看灯展，都会背《青玉案》："东风夜放花千树，更吹落，星如雨，宝马雕车香满路。"他很快记住并愿意重复的就是"宝马雕车",因为那时候他迷小汽车。不管他是否在意,我都时常给他讲"那人却在灯火阑珊处"的意境之美,我们谈论的时候气氛总是很好。一两年后,有次晚上出去散步,路上无聊,他主动跟我一起背诵,那一次边走边背,想起来都觉得快乐和美好。

我在厨房门口贴了份打印的《朱子家训》,最早是拼音版的,我时常给小文讲解内容,每次讲一点点,以不引起他的反感为原则。小文时常淘气,需要管教时,我就要他读一遍,天长日久,不徐不疾地累积,过了三五年,他就背得很熟了,也理解了其中的意思。我还把几首自己特别喜欢的诗词分享给他,虽然当时看不出任何效果,但10年后发现,所有我跟他愉悦分享过的诗词,他都很感兴趣,也都会背。

小文热爱的是数学,下功夫最多的也是数学,这跟他的能力倾向有关系,也跟我的培养有密切关系。他虽然是非常典型的理科生,但也很容易被优秀的语文老师引发出文艺情怀,各学科的学习成绩也非常均衡。上高中以后有选修课,他除了选修自己喜欢的体育,还会参加演讲、辩论。他在高二时还接替文科实验班的学姐们,带领辩论社,狂热地学习各种辩论的知识。

不刻意只追求知识和技能的数量,不追求短期效果,而是引领孩子体会数学、文学、艺术之美,我们种下的种子都会发芽,要温柔和悦地播种,这就是我所说的浸润。

当你采用了以上所提到的原则和方法，你就完成了自己向淬炼期、成功期学生家长转化的内心建设。接下来，孩子的变化就是水到渠成的事情。

| 第三章 |

淬炼期：夯实学习力

我们一起完成了把大象放进冰箱里这件事的前两步——准备好冰箱和打开冰箱，也就完成了孩子由闲置期进入成功期的三个步骤中的前两个。就是说，你已经具备成功期学生家长的特质，你的孩子已经开始变得勤奋，成功地从闲置期进入大有前途的淬炼期啦！

淬炼期，说白了就是孩子开始勤奋学习，只是考试分数还不高。

接下来，就是第三步，把大象装进冰箱里——如何帮助淬炼期的孩子进入成功期。

开始谈学习啦，我们一起做三次深呼吸，灿烂地大笑三次，带着愉悦的心情进入正题。

第一节
明明很勤奋，为什么成绩不行

孩子认识到重复的力量，有了学习兴趣，变得勤奋，就会逐渐进入大有前途的淬炼期。接下来，通过持续的努力，孩子的学习能力和成绩都会慢慢提升，但这中间必然会经历一段有难度的攀升期。关于这个过程，我总结了一些规律和辅导经验，可供家长们参考。

十几年来，我深度陪伴了几十个孩子学习、成长，因此这部分我结合实例，和大家分享如何抓住几个关键点使孩子保持勤奋的状态。

我们现在清楚，淬炼期和成功期的孩子都能做到勤奋，但二者最大的区别在于考试分数的高低。我们先来一起分析一下，淬炼期看似勤奋的孩子，成绩上不去的原因可能是什么。

我总结了三点：第一，勤奋是有等待期和反复期的；第二，孩子的学习效率不高；第三，对于孩子进步的幅度，家长有不合理的期待。

孩子从淬炼期到达成功期需要足够的等待期，也会经历反复期。家长陪伴孩子度过等待期和反复期的艰难过程，也正是孩子从淬炼期走向成功期的转换过程。

一、勤奋的等待期和反复期

（一）是否经历了足够的等待期

孩子从淬炼期的不断奋斗到成为成功期的优等生，需要经历一个相当漫长的等待期，因为只有足够的量变才能引起质变。事实上，并不是孩子一开始勤奋，成绩就能立竿见影地提升一大截。当孩子开始勤奋，成绩却没有明显提升时，这并不代表勤奋没有用，很可能是勤奋的时间还远远不够。

人往往是缺少耐心的，倾向于追求即时的反馈效果。网络游戏之所以容易让人上瘾，其中一个重要原因就是它能随时给予回馈，给玩家巨大的成就感。很多大型公司开发的游戏都是按照心理学原理设计的，非常符合人的心理本能的需求，能够不断地刺激玩家，并且门槛极低，容易上手，这才让人欲罢不能，着迷到脱离现实。

家长们要放下短时间内孩子成绩有大起色的期待，努力稳住自己，认真营造温馨和谐的家庭环境，要一直用温和、愉悦的态度与孩子互动。家长要经常跟孩子强调勤奋的重要性，表达自己相信孩子会在努力中越来越棒，并跟孩子强调：上课要认真听讲、课后要认真完成作业、不会的题要弄会。之后，安排孩子好好放松。

（二）是否能顺利度过反复期

学习本身虽然也充满乐趣，但远不像游戏的乐趣那样唾手可得，甚至只有极少数孩子才能体会到。从不爱学习到勤奋学习，孩子一开始遇到的都是困难，因为要持续付出大量的精力来管理自己。孩子从不勤奋到开始勤奋，从成绩差到成绩好的过程相当于走上坡路。而我们都知道，走上坡路的过程是非常辛苦的。

家长可能有类似的经验，当你下决心坚持一个新习惯，如节食、运动等，坚持几天之后，就会感到似乎有无数的事情冒出来阻碍你，除非你心志非常坚定，否则很难坚持下去。这是因为我们除了要对抗各种潜意识的问题以及勤奋带来的疲劳，还要对抗人人都难以避免的心理惯性所带来的阻力。心理惯性是指一个人对环境的适应程度。心理惯性大的人适应环境变化慢，心理惯性小的人适应环境变化快。虽然心理惯性的大小因人而异，但人们总是很容易被自己的心理惯性操控而不自知，因为心理惯性是很难被人觉察到的。事实上，往往在我们的努力看似失败之际，往往是突破心理惯性、迎来转变的关键时期。接下来，让我们一起来看看怎么解决心理惯性带给孩子的阻力。

人的本能是追求轻松和舒适，当我们的孩子由懒散变得勤奋的时候，这种变化会给他们带来不舒服感，来自心理惯性的阻力就会增大。这种阻力配合个体不同的特质就会不断制造出各种问题来，扰乱人继续勤奋，把人拉回到过去的懒散状态。

孩子刚开始勤奋一段时间之后，必然会出现阻碍勤奋的各种问题，常见的情况有：勤奋没几天就生病了；勤奋一段时间之后负面情绪明显增多，逆反现象加重了，发脾气的次数越来越多。我有一个来访者，是个高一的男孩子，当时他已经意识到要开始勤奋并付诸行动了，对学习也表现出极大的热情，但不到10天，他便陷入一段如火如荼的恋爱里去了。

当这些情况出现的时候，不必着急，要知道反复是正常的事情。但这时候家长的做法就非常重要了，在这个关键期，你要有明确的意识去陪伴和帮助孩子。

这个时候如果孩子生病了，家长要格外温柔，帮孩子养好身体，并允许他适当地休息，养好之后再重新开始努力。树立目标、交还主动性、避免疲劳感、不断植入信念鼓励，我们要重复这个过程。如果在孩子养病的过程中，家长和孩子之间的交流更顺畅，亲密感更强，那么家长提到的所有正面的东西，都会被孩子更深入地接受和吸收。

孩子在学习的上升期爱发脾气是很正常的事情，很多家长会被孩子的坏脾气控制。多年来，不少家长向我反映过这个问题，而在我的"心数"辅导室里，我也经常会面对孩子们在克服自己遇到的困难时所表现的各种情绪和行为：烦躁、闹、哭，甚至偶尔摔东西、撕作业本等，这都是他们在跟自己做斗争。我通常会尊重孩子的状态，不会阻止他们宣泄情绪，而是给他们一个释放的机会，只要不太影响其他孩子，不伤人伤己就行。等孩子发完脾气，我会安抚一下，让孩子喝点儿水。之后我向所有人特别热情地夸奖孩子，夸奖孩子非常爱学习，遇到这么大的困难都没有逃跑，而有情绪是因为他对自己要求高，努力在面对和克服困难。最后，我会鼓励孩子愉快地保持勤奋。如此处理之后，这个孩子基本上在相当长一段时间内都会保持情绪稳定，进步也非常明显。

对于青春期的孩子，我们要格外尊重。我们可以跟他们谈论爱情，引导他们珍惜感情，同时鼓励他们勤奋。很多事情都是他们必须经历的，一般不必干预。家长在尊重他们的同时要帮他们明确自己的方向和目标。陪伴孩子成长是一段幸福的旅程，家长能够分享孩子感情上的喜乐和忧愁，但要注意的是，家长要在和孩子建立好关系之余再讨论学习。通常，他们经过一个小小的起伏期之后还会回到勤奋的路上来，之后会变得越来越稳定。我刚刚提到的那个高一的男孩子后来在学习上已经完全步入正轨。他的恋爱期，也是他灵性开启的最佳时期，那段时间，我跟他提到的所有关于勤奋和为自己未来做准备的事情，后来他都开始实践了。

那些出现麻烦、让你烦恼甚至觉得很失败的时刻，都是最佳的教育期。当你开始用这样的态度去面对和解决问题，教育就变成一件有趣且充满温情的事。家长要陪伴孩子顺利度过成绩提升必经的等待期和反复期，静待花开。

二、孩子的学习效率不高

处于淬炼期的孩子，虽然做到了勤奋，但成绩上不去，有一种情况是孩子在做无用功。

学习时间和学习效率是两个概念，有用功通常指对学习有帮助的努力。有的孩子可能长时间坐在书桌前学习，实际根本没学进去，只是拿着书在那里发呆，这是在做无用功。这种情形通常出现在家长比较强势，孩子需要伪装以保护自己的家庭里。朱德庸有一则漫画，员工敷衍他们的老板："我只是把这堆文件搬来搬去而已。"家长如果留心孩子学习的细节，这种情况是容易被发现的。如果发现了这种情况，家长要检讨自己，认真和孩子沟通，加强孩子的自主性，增强孩子的内驱力。

还有一种情况，孩子不是假装勤奋，而是遇到了困难，需要家长的帮助。我举个例子，大家一起分析一下。

有个初二的女孩子，从她开始有意识地去勤奋学习，持续了七八个月。在这期间，她看起来非常勤奋，作业都按时写，每天熬到很晚，每个周末也给自己安排很多课。但是，她的考试成绩一直在下降。她为此心事重重，郁郁寡欢。

这种情况涉及两个问题。第一，并不是她的勤奋没有用，而是她之前的基础比较差，众所周知，初二很重要，是成绩的分水岭。学业难度增大，如果不是开始勤奋，她可能完全跟不上了。第二，这个女孩子的心理压力大，她跟母亲的关系也需要调整。她的精力更多地用在焦虑上了，而青春期孩子的情绪管理能力对学习几乎起决定性的作用。这个孩子需要稳住自己的情绪，把精力放在每道不会的题上面，而不是整天担忧考试没考好；她妈妈则要用心陪伴她，并调整母女关系，调整之后，情况就会有大的改变。

三、对于孩子进步的幅度，家长有不合理的期待

淬炼期，一个爬坡的过程，家长应对孩子的进步幅度有合理的期待。

给大家举几个例子，我们一起来做分析。

如兰是四年级时从外地转学来北京的，接受我的辅导时上五年级。如兰当时所有的主科成绩都很差，经常是班里的最后一名，个人状态也很差。如兰的父母都是职高毕业，工作很忙，在孩子学习方面不懂得引导，除了安排补课也想不出其他办法，孩子的学习一直不见起色。如兰刚来时，对数字的反应比较慢，对于略有难度的应用题理解起来很吃力，背东西也很慢，全家人都为她焦虑。

美含则是和如兰同班的女孩，美含的父母学历相对比较高，家庭氛围很好，美含的母亲乐观、开朗，特别注重孩子的教育和学习。美含是个非常优秀的孩子，从上学起，大多数科目成绩都能得满分。小学三年级时，她开始接受我的辅导，学习心理数学。五年级时，美含是班里的第一名，而刚来时的如兰则是班里的最后一名。

如兰和美含我都差不多辅导了五六年。我对这两个孩子采用了因材施教的方法，自从到我这里学习后，她们俩都非常勤奋，并且跟父母的关系也变得更融洽了。

上初三时，如兰的成绩稳定在年级中等。在数学考试中，除了最难的三道大题，前面的所有题如兰一道都不会做错，这个时候的如兰已经非常认真，心态很阳光。美含在初三时转学到外地，在学校里也一直是成绩最拔尖儿的孩子，个人爱好很多，学习很轻松，生活得也很快乐，是同学和老师眼里的学神。

这样的两个孩子，哪一个更优秀呢？

在我看来，她们同样优秀。

五年级成绩就垫底的孩子，尤其是女孩子，确实面临着不小的挑战，如兰能够稳住自己，度过转学、学业上从后进到跟上这两个艰难的适应期，并且在中学里能够保持成绩中等，可以说做得非常好；美含能够在自己高天分的基础上进一步提升能力，并且学习兴趣、状态都极佳。现在如兰和美含都在读理想的大学，相信她们的未来人生将会充满幸福和快乐。

小文上高中时特别热爱学习，尤其酷爱数学，学习很勤奋。他们班总成绩总是第一的女生特别厉害，小文只是偶尔在数学、物理考试中比这位女同学考得好，总体很难超越。后来得知这个女生的爸爸是当年的省高考状元、奥数冠军，我当时就跟孩子道歉：真抱歉啊，爸爸妈妈的智商拖你的后腿了。

对比这两组例子，大家有什么收获呢？

智商决定了人发展的下限，勤奋决定了上限。孩子之间的智商是有差异的。当你看不见这个差异，盲目急切的时候，你就看不到真相，也会错失非常多的教育时机。家长看不到这种差异，孩子也就看不到自己努力的成果，看不见未来的希望。很多家长觉得孩子的成绩不理想，不妨先去查查自己上学时的成绩表，再和孩子的成绩进行对比，或许你的心态就平和了。

很多比我们聪明的人还比我们勤奋，肯定是我们望尘莫及的。但是只要保持勤奋，我们就可以做最好的自己，从而取得进步和成就。

处在淬炼期的家长和孩子都在摸索，共同处于非自信状态，因此可以根据实际情况调整期待值。家长可以跟孩子一起树立合理的目标，把之前的结果管理变为过程管理。这样家长就能和孩子一起发现他的进步，及时给予肯定和鼓励，从而为孩子提供更好的支持。大道至简，我们真诚地守护，一路陪着孩子走，就会慢慢收获很多惊喜：不见得成绩有多突出，但你可以拥有和谐的亲子关系、和谐的家庭氛围、有幸福感和快乐感的孩子。

第二节
充分了解并解决孩子学习中存在的困难

淬炼期的孩子实际上处在一个艰难前行的时期,家长要以慧心和慧眼,找出孩子学习中实际存在的困难,并针对性地帮助孩子解决困难。

我们身边有很多这样的家长,他们的孩子如果没有表现出明显的比别人笨的迹象,且家长觉得自己的孩子挺聪明的,这类家长多半会秉持一种假佛系心态,在孩子上小学,学校不公开成绩和排名的情况下,他们觉得自己的孩子学习特别好。尤其在一、二年级,往往有些内容是在学前阶段学习过的,孩子总是考满分,家长就觉得自己的孩子在群体中是出色的,至少是中等偏上的。有这样想法的家长很少主动去了解孩子,更谈不上去引导孩子爱上学习,因而教育理念落后,缺乏教育能力,算是躺平在家长的起跑线了。其结果是孩子在成长过程中遇到问题时,尤其是孩子处于艰难的淬炼期时,家长们受制于自己的期待落空和虚荣心严重受挫,容易焦虑,因而经常陷在自己的情绪里,很难看到孩子当下的困境,更难对孩子施以援手。

还有一类家长，因为孩子小时候表现出一些略优于其他孩子的特质，所以有了望子成龙的梦想，当孩子退步或者想放弃时就表现得非常愤怒，这样的家长会把心思都花在如何让孩子听凭自己摆布，解决孩子抗拒的问题上，以便让孩子更努力地投入竞争。他们并不愿意看到问题就出在孩子已经超负荷，需要减负，需要过正常的生活。家长的这种执念，本身就是孩子健康成长的重要障碍，更谈不上在关键时刻给予孩子帮助。

而很多家长管理孩子学习更像是例行公事，小学低年级时按老师的要求检查作业，如果孩子不爱写作业或者有些题目不会，家长就大发雷霆，甚至认为陪小学生写作业是一件痛苦不堪的事情。如果孩子考试成绩不错，家长就觉得很正常，或者给予孩子奖励；如果孩子的考试成绩几次都不好，家长就会焦虑万分，非常生气地责备孩子。

作为父母，我们的责任是帮助孩子健康成长，为孩子提供一个安全空间，让孩子在里面通过学习能自立自强，带给世界正面的影响。

有智慧的父母，会为孩子提供安全空间，在孩子需要帮助时施以援手，而不是通过控制，妨碍孩子的成长。

一、善于发现问题，并有针对性地解决问题

孩子在哪些情况下需要我们帮助呢？如果你暂时还做不到

高瞻远瞩和未雨绸缪，那么当孩子的行为或态度明显让你感觉不舒服的时候，就是孩子需要你帮助的时候。这些不是你烦恼和痛苦的根源，这些是身处淬炼期的孩子发出的强烈的求救信号！比如，孩子不写作业、作业完不成、不爱写某项作业、某些题讲了几遍都不会、拖延、半天写不完一个字、考试不会、成绩差、不想去上学等。

孩子如果很顺畅地就把一件事完成得很好，那么通常就是没有遇到困难。孩子如果遇到困难，不但得不到帮助，反而会被指责甚至惩罚，那么他的困难和痛苦就会倍增。在淬炼期的等待期与反复期，孩子的学习动力消耗大，学习兴趣本来就容易丧失，如果在自身学习遇到困难时，又受到父母的指责与压迫，孩子很容易丧失自信心。因而，作为孩子的父母，你需要有一种敏感意识：孩子在学习中出现的所有问题，并非因为他做得不好，而是因为他遇到了困难，你应该是帮助他的那个人，而不是毁灭他的学习动力和兴趣的那个人。

因此，我们做父母的要学着成为孩子的及时雨，争取有的放矢，有针对性地帮助孩子解决他所遇到的困难。当孩子遇到问题时，我们要努力去思考，并逐一分析和探索可能的原因，争取帮助孩子解决问题。

比如，当某道题你给他讲了好几遍他还是不懂，那就有多个可能性：这是孩子的弱项；他没掌握好前面的基础部分；他的内心对这种类型的题有抵触；重复的遍数不够；你没有用他听得懂的方式讲题（你讲得不到位或者没耐心，声音不好听）；他不喜欢这科的老师或者有引发他不愉快的记忆……当你开始思考和探究种种可能性时，你就会进入一种关爱孩子的状态，就不会走向崩溃或者歇斯底里。验证种种可能性并尝试运用解决的方法，你就能找到一把开启孩子智慧之门的钥匙。

孩子不写作业、作业完不成、不爱写某项作业、拖延、半天写不完一个字，这些经常被家长吐槽的问题，其实都显现出孩子在学习能力、学习习惯、学习兴趣培养上的欠缺。这些欠缺累积到一定程度，就会以这些形式显现出来。有智慧的家长如果适时介入，实施有效帮助，就不但可以带领孩子解决困难，还能增进亲子关系。

孩子考试不会做题、考试成绩差、不想去上学等，说明孩子遇到的困难已经到了很严重的程度。家长要及时安抚孩子，首先要想办法增强孩子的自信心，保护孩子的心理健康。当然，家长也可以和孩子一起探究成绩不够好的原因，了解哪些科目学得顺利、哪些科目不好学、哪些科目的哪些部分掌握起来比较困难。先解决一些细小且容易把握的问题，对于孩子建立信心很有帮助。而且在没有明确方向的时候，细化问题也是让问题变得清晰且有利于解决的一种方式。

孩子在学习中遇到各种困难，究其根源，都是在学习兴趣、学习能力和学习习惯方面出了问题，家长要积极想办法帮助孩子重建自信，提升兴趣，查缺补漏，做好护航工作，助力孩子成长。尤其是孩子处在淬炼期的家长，更要努力帮助孩子。

二、如何管理孩子的家庭作业

随着孩子长大，好多家长的担心有增无减。可能你需要静下心来认真想想：你究竟在怕什么？怕孩子不好好学，将来成绩不好？你的这些怕，对孩子的进步有帮助吗？你要先做好自身的心理建设，把你的怕变为你的希望，多思考你要什么，这会带你走向不同的方向。

在孩子的学习这个问题上，家长要注意，有很多事情不能做：所有代替孩子决定和动手的事，破坏亲子关系的事，破坏孩子学习兴趣的事，如严管、诅咒、打骂、责备等。避免以上行为才能最大限度地保护孩子的自主性和学习兴趣。

（一）家庭作业的检查

在孩子们刚上学时，我屡屡听到家长们吐槽："老师布置的好多作业，都要求家长协助完成，家长好辛苦。"一开始，我还真的给小文检查过一次作业，后来发现这么做弊端太大，因为我自己太忙，抽空去检查他的作业，会让我的情绪变坏，这真是得不偿失。而且他的作业完成度和完成质量都是他自己的事情，他应该并且可以独立完成，不需要我监督。于是，我就跟小文讲明利弊，并表示妈妈不再检查他的作业，由他自己负责，妈妈最多签个字，他欣然同意了。因此，我从来不会因为他的作业而上火或者生气。我跟小文约定好，他的分内事是好好学习，我的分内事是表扬他，他很喜欢这样的分工。这样，小文从小到大都知道学习是他自己的事情，而非家长的责任。当然，他有困难求助时，我会毫不犹豫地帮忙。很多家长都会越俎代庖，但我认为，学习这件事，孩子比你着急，你就成功了。

（二）写完作业再玩

很多家长在孩子小学低年级时会犯一个错误，因为那时作业很少，而家长又想让孩子在户外多活动一些时间，所以家长和孩子总是在外面玩到天黑，玩累了，再回家做饭、吃饭。等到写作业时，时间已经不早了，这个时候的孩子已经很疲惫了，完成作业的质量会打折扣。在低年级，孩子作业少时还可以这么做，但随着年级增长，作业量增多，这样的习惯就会引发严重问题。因此一定要让孩子一上学就养成先完成作业再去玩的好习惯。

（三）作业辅导

在孩子低年级时，家长应注意培养孩子的学习兴趣和主动做作业的意识，多表达对孩子的信任和鼓励。一般来说，幼小衔接阶段做得足够好，孩子入学后在作业上遇到的困难就不会太多。如果孩子做作业时需要辅导，家长一定要想办法让孩子主动，因为衡量你是不是一个合格的家长，很多时候就看孩子是不是比你更急于完成他的作业，他自己越主动，就越能证明你的成功。如果孩子有需要家长配合的部分，家长要及时给予帮助。比如，小文来找我给他读课文，我就一定读；如果不找我，我就不管。很多家长会着急，认为"不管他就做不完啊"。这个想法是错误的！因为你把他的作业当成了你的事情，这样完不成作业的压力就转嫁给了你，孩子的主动性就会大打折扣。在很多家长没有留意的时候，一些孩子完成作业的能力越来越差，那是因为家长过于焦虑和害怕老师给的压力，表现出暴躁或焦虑的情绪，给孩子带来了更多的负面压力，也让责任发生了转移，成功地让孩子厌恶写作业。同时，你的介入和过分关注也在暗示孩子的无能。

（四）给孩子建立属于他的顾问团

随着孩子长大，很多学习上的问题，家长就不一定能帮得上忙了。在学习上，孩子可使用的资源不止爸爸妈妈。比如小文从小就知道，可以向生活圈子中哪些叔叔、阿姨、哥哥、姐姐求教哪些科目的问题。每次遇到自己解决不了的困难，他会打电话找同学和亲戚，问父母、请教老师、去找邻居等。小文有一个很大的顾问团，初中时，有一次他做一个科学方面的作业，我们不大懂，于是他打电话请教远在湖北的大伯。大伯是工人出身，操作机械非常有经验，小文跟大伯沟通后收获特别大，也非常佩服大伯，而大伯也非常高兴。

（五）减少课外负担，防止孩子拖延作业

很多时候，如果孩子并不喜欢你给他安排的额外的作业，他写作业时就容易情绪不好，年龄稍大一点儿就会故意慢慢写，试图逃避后面的作业，也就容易形成拖延。

那有人就会问，作为家长，在孩子作业方面，你什么都不管吗？不是的，我做得很多呢！我清晰地知道在孩子的学习上，我不是主角，只是个辅助者，就好比孩子跑长跑，我是服务人员或者在路边为他喊"加油"的人。因此，我会认真思考，我所做的事应尽量以培养他为前提。

在孩子写作业时，我也挺忙的，我会温和提醒孩子注意保持好坐姿；强调对视力的保护，让他每隔20分钟就远眺一次；隔段时间就过来肯定和赞美他的勤奋。如果他提前完成了，我会惊喜赞叹。即便有时老师说他忘了什么，我也相信他是无心的，问他是否自己可以处理，如果需要妈妈帮忙，妈妈就帮，完全尊重他的个人意愿。我一直坚持做好后勤工作。小文进入初中以后，作业量猛增，写作业的时间也越来越长。因为狂爱数学，小文买了好多本练习册自己刷题，所以学习时间很长。每天，我每隔一小时就会敲门送茶点，精心准备他爱吃的点心和饮品，送点心时也提醒他定时休息，坚持健康第一，不允许他熬夜。在面对孩子的学习问题时，哪怕只是提到学习，我也做到了保持和颜悦色。我相信，小文之所以后来狂热地爱学习，跟我成功地把愉快情绪跟他的学习联结在一起有关系。一想到学习，一想到父母，他就是愉悦的，在这个基础上，才能生出热爱。

（六）如何管好假期作业

假期作业的规划是很难的，一直做计划，计划却永远是最难实现的。很多学生在即将开学时，甚至开学前一天晚上，不眠不休地补作业，这是一件特别糟糕的事情，因为新学期开始，本应是轻松愉快的。学习新知识是非常重要的，不能从一个疲惫的状态开始。在我们家，小文的假期作业都由他自己负责，我会在假期开始，假期每过10天，假期过去一半，假期剩余7天、3天、1天时提醒一下他。

家长要永远站在爱护、理解和帮助孩子的立场上，完全相信孩子，并随时准备提供支持。陪伴孩子学习的家长应成为孩子的加油站。家长做的每一件事，说的每一句话都要尽量对孩子有益。

三、教孩子学会时间管理

（一）身教胜于言教

你的时间管理做得怎么样呢？父母的习惯会直接影响孩子，身教胜于言教。

事实上，很多时候我们的行为和我们教育孩子的初衷是不一致的。你在下班后做什么呢？孩子没看到你工作时的状态，他只看到你下班后做了什么。

比如你跟孩子说要勤奋，要抓紧时间认真学习，然后自己打麻将、玩游戏，或者每天追剧，却跟孩子说："我上一天班累了，我要歇一会儿！"你有没有想过孩子也是在学校上了一天课？通常，爸爸妈妈毛毛躁躁，做事不分轻重缓急，孩子也会沿袭这种风格。在日常生活中，你的时间管理做得好，做事从容且稳妥，计划性强，孩子也就潜移默化地学会了。

（二）避免用大人的方法要求孩子

一说到时间管理，大家可能马上就会想到各种各样的时间管理方法，比如，时间管理手账、时间表、番茄工作法等，然后想着怎样把这些方法教给孩子。孩子，尤其是小学和初中阶段的孩子，他们在时间管理上是做不到像成人那样理性的（其实很多热衷于各种各样的时间管理法、不断尝试的成年人，也常常以失败告终），所以我不主张用现在流行的成人时间管理方法来教孩子管理时间。

（三）帮助孩子建立对时间和事务的基本概念

什么是时间呢？人们一直在寻求这个问题的答案，却一直很难下定义。人们发明了滴漏、钟表、日历等计时的工具，把时间计量器挂在墙上或者戴在手腕上。时间看不见、摸不着，但钟表能够标记它。我们其实很早就在生活中有意无意地带孩子认识时间，建立时间概念。不要觉得你的孩子现在还小，从孩子的幼儿期你就可以开始教孩子认识时间了。

1. 认识时间

家长要引导孩子学习并理解表示时间的词语。首先，家长在给孩子讲故事或交谈时，可以有意识地说一些表示时间的词语，比如早上、中午、晚上，昨天、明天等，这有助于孩子正确理解时间概念。其次，教孩子认识钟表，讲解钟面上的数字和指针各自代表什么，当指针指向不同数字时，我们应该做什么，比如中午12点就要准备吃午饭了，让孩子知道该如何分配时间。再次，培养孩子对时间的感知力。家长可以和孩子多玩一些计时游戏，比如一分钟跳绳、半小时讲故事等，每次的活动都设一个时间限制，让孩子体验不同时长可以做哪些事情，培养孩子对时间的感知力。

在养育孩子的过程中，你做过哪些培养孩子认识时间，建立时间观念的事情呢？欢迎写下来。

2. 制订时间安排表

学校的课表都是标准的时间安排表，我们可以更早一点儿在家里和孩子一起制订时间安排表，步骤如下：

第一步，罗列出要做哪些事情；第二步，对这些事情进行排序；第三步，标出完成每件事情需要的时间；第四步，把表格制作成自己喜欢的图表；第五步，把时间安排表贴在最醒目的地方。

要特别注意的是，孩子在这个活动里是主导者，家长是协助者；并且时间安排表并非约束孩子行为的准则，家长要避免跟孩子发生权利之争。

（四）明确时间管理的原则

把时间交给孩子。想培养孩子管理时间的意识、有自己的时间管理方法，家长首先得让孩子有自己可以管理的时间。如果孩子的时间都被上学、爸爸妈妈安排的各种兴趣班填满，那么孩子就只能服从大人的安排，无法学会自己管理时间。

我和身边几位好朋友都是从小就把时间交给孩子，不强制孩子上补课班，学校的兴趣班也由他们自己决定上不上，选择哪天上。作业完成之后，我们会让孩子自由支配时间，课余和周末的时间也都由他们自己来管理。作业时间、阅读时间，看电视的时间，用电脑的时间，周末起床的时间，都由孩子自己安排。你也许会说，这不是"放羊"了吗？不用担心，要知道，孩子越是没有自己的时间，一旦有大把可以自由支配的时间，越容易失控。**孩子越能自主，越有理性。因为他们明白，应该在哪些事情上节制，做不到的话，父母不会给他更多自由。**不仅时间需要让孩子自己管理，金钱、上网、恋爱等事情也一样，会自我管理的孩子进入大学后更加有自控力。

当然，我们把时间交给孩子时，是对他有要求的：

1. 作业保质保量完成；

2. 业余时间可以自己安排，但出门需要跟父母说一声；

3. 容易失控的时间要制定规则，比如使用电子产品的时间，要跟爸爸妈妈提前约定好。

有了这样的训练，小文在小学一年级时就可以做到：平时每天只看半小时动画片。他执行得非常好，到点就自己关电视。我会先跟他讲好为什么这么做，然后让他自己安排时间。

楼下邻居对小文的印象特别深刻。小文5岁半的时候，我临时请邻居照看他一会儿，他醒了，看到阿姨在沙发上打盹儿。等阿姨醒了，他问阿姨："我弹一会儿钢琴，会打扰你休息吗？"这件事让我坚信：孩子越自由，越主动。

（五）时间管理的要点

时间管理的目标是提升效率，而非挤出时间做更多的事情。父母要避免一个误区：教孩子学会时间管理，是为了挤出时间给孩子安排更多的事儿。

比如，你跟孩子说："妈妈看上一个新的兴趣班，但今天没时间了，你周末抓紧时间写作业，咱们争取匀出时间去上课。"孩子听了会有什么感觉呢？他肯定会觉得，我做得越快，麻烦越多，还不如磨蹭呢，干脆磨蹭好了。但如果你说："你抓紧时间完成作业，剩下的时间可以去玩。"孩子的积极性马上就来了。

史蒂芬·柯维在《高效能人士的七个习惯》一书中强调的时间管理象限法则如下：

第一优先级：重要且紧急的事；

第二优先级：重要但不紧急的事；

第三优先级：紧急但不重要的事；

第四优先级：不紧急也不重要的事。

大部分人都是被后两个优先级的事情困扰。

我们教孩子学习时间管理，最重要的原则就是要事第一。

家长可以让孩子定期列出近、远期的事务，先确定重要且紧急的事情，比如明天要交的作业，优先完成；重要但不紧急的事，比如月底完成的任务，不要拖延；紧急但不重要的事，要分时间段去做；不紧急也不重要的事情则可以放在重要的事情完成之后再做。

第三节
淬炼期如何保持学习兴趣

即便解决了勤奋和目标等问题,孩子要进入成功期也不是一件容易的事情。因为由淬炼期进入成功期,是一个艰难的爬升过程。一般来说,如果一个孩子的学习兴趣浓,学习能力强,学习习惯好,他就会进入成功期。

帮助孩子在淬炼期保持学习兴趣,家长可以从以下两方面入手:第一,理顺师生关系;第二,平衡生活与学习的关系。

一、师生关系一定要理顺

家长能给孩子的最好的起跑线,是脚踏实地、平和的你自己。只有心态健康的父母,才不会盲目跟风,不会吹毛求疵,不会急功近利,不会拔苗助长,才会在孩子需要支持的时候,成为孩子前进路上的助力而不是阻力。

很多家长在孩子上学前后的心情很复杂,对孩子没能进入更好的学校或班级表示失望、对孩子是否会勤奋学习感到担忧,对孩子的作业很头疼,对孩子老师的态度前后不一。这些都会拖孩子学习的后腿，给孩子带来负面影响。

（一）提前祝福

家长用提前祝福的方式能够引发孩子对新环境的期盼感，对孩子提升学习兴趣、适应新环境、适应新的老师有很大帮助。

家长要在孩子入幼儿园、上小学、上初中、上高中的每个阶段都提前祝福孩子。比如，孩子要上小学了，家长可以跟孩子认真地说："恭喜你啦！你都是小学生啦！真了不起！"家长可以大致讲一下新环境里老师可能会对孩子有什么样的要求和期待，让孩子做好适应环境和新老师的心理准备，让孩子对上学有美好的期待。

（二）老师的重要性

很多父母在教孩子学知识上下了大功夫，给孩子额外找家教、一对一指导等，以为这就是教育。你的孩子既然是要进学堂的，大量的知识是在学校里由老师教授的，你做的这些事就是重复和不必要的。学校的进度就是孩子学习的进度。这个过程中，老师非常重要，如果孩子和老师的关系不好，他的学习成绩就很难提高。

家长跟老师处好关系，不是委屈自己，也不是逢迎。我们需要厘清自己和老师的关系，然后带领孩子去甄别老师教育方式的优劣，了解老师的个性，教孩子如何去和不同的老师互动。比如，老师厉害就让孩子老实点，实在不行，脸皮厚点也行。无论如何，知识是要老师教的，不可以否定老师在孩子心中的权威性。

还有一点很关键，老师向家长反映孩子的问题时，家长如何应对。

面对老师反映的孩子的问题，很多家长就是单纯地生气，然后拿孩子发泄。这种情况多半是因为家长觉得自尊受到伤害，觉得孩子给自己添麻烦，意识不到孩子是需要自己帮助的。不问缘由地责怪，只会伤害孩子以及你和孩子的感情，对孩子的成长和教育没有任何帮助。

老师把孩子的情况告知家长，是希望家长了解孩子，帮助孩子进步，并非让家长"修理"孩子。家长简单粗暴的处理方式，不仅白费了老师的心意，也会造成孩子对老师不满。孩子如果既不信任父母，又恨老师，后果就会很可怕。

到目前为止，我都没见过比我家小文更淘气的孩子。他让老师极其费心，大班时在公立幼儿园学不下去了，学前班时转到了私立学校。虽然私立学校每个班的孩子不到20个，但3个老师都管不住他。老师有时得让他站在桌子边听讲，才能顺利讲课。他在三年级时转到公立小学，我也成了老师的常客，他的主要问题是"好动""自控力不够"，这跟他的抽动症有关系。小学时，无论大会还是小会，小文常在批评名单里。每次家长会结束后，老师让家长留一下，那里面绝对有我。

小文不喜欢当时的班主任，班主任也非常不喜欢他，但他从来不与老师对抗，更没有感觉自己受伤或引发自卑等负面情绪。我从来没有因为被叫到学校去而跟他发火，也没有因此惩罚过他。每逢这种情况，我总是先听老师说完，之后第一时间去问孩子发生了什么，再和孩子一起分析与解决问题。他每次都清楚地知道原因，并承诺以后努力改正，但因为他自控力不够，总有反复的时候。而当他还管不住自己时，我就告诉他要把脸皮练厚，慢慢来。他的同学会说："阿姨，他闯这个祸你也不打他？"我不打，也不骂，甚至从来都不生气。小文很认真地说："妈妈，你特别会教育孩子，所以给你一个最难教育的！"我每次都会跟他说："妈妈觉得有你这样的好孩子特别幸福！你就是爸爸妈妈最理想的孩子，比我们原来期待的还好。"

上中学以后，小文变得明事理、情绪稳定。他开始稳住了自己，成功地蜕变成了一个儒雅少年。小文喜欢所有老师，因此跟老师相处得极其融洽，也开始成为老师们特别喜欢的孩子。于我而言，教育也变得更加轻松。

进入一所非常好的高中后，小文身边有很多良师，有他们指导，孩子的心智迅速成长。

二、拥有生活的乐趣才能保持学习的兴趣

到了五、六年级，当很多家长带着孩子周转于各种培训班时，我做了自认为很重要的事：每半个月带他去吃一次外国美食，以放松身心、感受不同的文化氛围。我们也常去看各种类型的艺术演出，如舞剧、喜剧、话剧、民乐、编钟演奏等，欣

赏艺术之美。我有时会给小文推荐书，也认真看他热爱的《斗罗大陆》，之后我们再一起讨论。我会带他每年去一两个国家，把其他家庭给孩子补课的钱全部用在旅行上。

　　会玩才会学，生活幸福才可能保持学习兴趣，因为学习本身是枯燥而辛苦的，人的本性是爱偷懒、喜欢娱乐的，孩子即便养成了爱学习的习惯，家长也要给孩子的生活注入更多的幸福感。

　　如何培养孩子热爱学习呢？熏陶，将正面情绪与学习挂钩；懂观察、会鼓励，激发孩子的上进心；增强生活的幸福感；将目标合理化，做好规划以把兴趣变成热爱。孩子的学习能力获得提升，并不断从中得到持续的乐趣，才能逐渐发展到热爱的程度。

> 第四节
> 四种核心能力，帮助孩子全面提升

人与人的智商存在差距，我们就算尽全力也难超越那些比我们聪明还比我们努力的人，但只有尽力，能力才会不断提升，到后来才会有更好的成就。值得庆幸的是，**所有的学习能力，都可以靠勤奋来提升**，这也是我们如此看重教育并如此用心的最大原因。

只要我们持续努力，我们的孩子就会由淬炼期一步步向成功期迈进。专注力、耐力、情绪管理能力、自学能力是孩子走入成功期必备的四种核心能力，家长要注重对孩子进行相关能力的培养。

一、培养四种核心能力

（一）专注力

什么是专注力？专注力又称注意力，是极其重要的一种基础学习能力，是指一个人专心于某一事物或活动时的心理状态。专注力使我们能够集中全部的心思在需要关注的事物上，从而忽视其他信息。感觉、知觉、思维、想象等活动，都建立在专注力的基础上。所以有人说，在学习过程中，专注力是打开心灵的唯一之门，这个门开得越大，我们能学到的东西就越多。一旦专注力涣散了，接受知识的途径就会受到严重影响，之后所有的学习就很难进行。人的专注力，受多方面因素的影响，与兴趣和睡眠有较大关系。好的专注力会大大提高我们的工作与学习效率，而专注力缺陷则是许多成绩差的学生的共同特点。

1. 关于专注力问题的判断

俗话说，"七八岁的孩子讨狗嫌"。这个年龄段的男孩子多见的特点是浮躁、淘气，坐不住，所以连狗都会烦他。有些七八岁的孩子很好动，不服管，还没有足够的自制力，如果碰上情绪管理能力和教育理念欠佳的家长，对孩子的阶段性特点不了解，老师一反映孩子的问题就可能引发家长的焦虑，家长要么批评孩子，要么对孩子施压，反倒让孩子的问题变得更严重。有一个判断专注力是否有问题的好办法：观察孩子看喜欢的东西时的状态。比如孩子看电视一动不动，很投入，那他的专注力就没有大问题。家长不要随便给孩子扣帽子，要接受他的不足并温和地鼓励他，父母的作用往往就体现于此。

2. 培养专注力的方法

有些专业人士认为，培养专注力的具体方法有：冥想、感知、禅修。他们认为只有先让心静下来，再去发展觉察力、观察力，才能让专注力得到提升。我们一般不需要让孩子冥想和禅修，但从中也可以清楚地看出，要想帮助孩子提升专注力，得先创设利于孩子静下心来的环境。

小文小时候有抽动症的症状，喝了3年中药来调理。他在四年级的专注力是非常差的，在课堂上经常东张西望，几乎一分钟也安定不下来，所以我才下决心去找合适的项目并专门为他开办了心理辅导室。后来，他的专注力的提升是非常明显的。

培养专注力，我个人的经验是：创造环境，让孩子愉快地去做一件感兴趣的事情，让他能够全身心投入这件事情，之后定期重复以加强这个过程，专注力就会不断得到提升。要达到这样的效果，需要考虑许多方面的问题，比如情绪调整、主动性、积极性、自信、有效性、过程如何持续、过程中的劳逸结合等。

第一，在心理辅导室，我向他明确表达自己的想法，他知道我让他写某个作业的目的是什么，对他有多大的帮助。他在情绪上是非常愉快地接纳这件事情的，他甚至是很期待的。这样他参与起来就非常积极。第二，我给他安排的内容，他可以很轻松地驾驭，他做起这样的题来又快又好，心情很愉快，他在这个过程中也非常自信。第三，一开始的作业，孩子用一两分钟就可以又快又好地完成，他非常开心，这样至少在两分钟内，他保持住了专注力。他完成作业后，我马上批改，他就可以得到满分以及热情的表扬，这样就巩固了他的乐趣。第四，一天只有一份作业，这就给他很轻松的感觉。其间，即便有错题，我也不批评，而是愉快地指出，辅导他愉快地改正，然后给予表扬和肯定。第五，作业的难度和题量是在孩子不知不觉中逐渐增加的，3分钟稳定一段时间，慢慢延长到4分钟、5分钟，再到更多时间，这样日积月累，孩子的专注力就有明显提升。连续进行了三四个月的练习之后，小文的钢琴老师说他能坐住练琴了，而坚持两三年后，小文的专注力已经变得非常棒。从初中开始，他已经可以在课堂上保持几个小时的专注，学习效率极高。

培养专注力的方法有很多，大家可以试着探索，比如通过运动、弹钢琴、下棋来提升专注力。当然，关键还在于什么样的人来用、怎么用，以及用得是否恰当。

3. 培养专注力，家长容易犯的几个错误

（1）有些家长经常要求孩子无聊地久坐或面壁，以为这样可以延长专注力，事实上只会适得其反。

（2）家长自己的行为对孩子构成干扰。在孩子学习时，家长总是去打断：唠叨、呵斥、随时检查等。其中最错误的做法是，家长发现孩子"溜号"就吼、骂、打，造成孩子厌学，心理阴影面积增大。

（3）家长的言行给孩子带来困扰，让孩子无法安心。比如家庭氛围压抑、夫妻关系紧张、家长处理问题的方式过于专制，等等。

（4）陪伴孩子时经常使用电子产品。

4. 培养孩子的专注力，家长们需要重视的几点

（1）在孩子面前谨言慎行

每个人在提升的过程中都会感觉非常辛苦，因此在路边鼓掌的人是可爱的。家长要斟酌对孩子说的每句话，考虑这些话是给他增加力量，还是减少力量。哪些事要大胆说，哪些事不要说，哪些地方要明确，哪些地方要隐瞒，家长要分清楚，因为这会给孩子带来极大的影响。

（2）帮助孩子对抗短视频和网游的吸引

相比于平淡无聊的学习，刺激性强的事物容易把孩子的注意力吸引走。孩子如果迷恋短视频和网游，就更不容易培养自己的专注力。解决这个问题最直接有效的方法就是多带孩子玩，多安排互动性强的游戏。孩子会玩、玩得开心，才有足够的动力去学习。

（3）要持之以恒地鼓励孩子

专注力的提升和勤奋一样，效果是有等待期的，家长应不断地鼓励孩子，并提供恰到好处的帮助。

（4）提升孩子的专注力跟孩子爱上学习的关系

提升专注力是孩子爱上学习的前提，好比想到月球上去生活，需要学会在地球上模拟练习保持身体平衡。但是，家长在这件事上也不用过于纠结，因为这只是让孩子爱上学习的过程中需要提升的一项重要能力而已。

（二）耐力

专注力持续的时间就是耐力，耐力的培养也是极不容易的。家长更要有耐心，因为这是一个等待花开的过程。只有你的方法对了，孩子才能持续进步。家长要有一双发现的眼睛，能够发现孩子每次小小的进步，比如以前他每隔3分钟就会溜号，这次4分钟才溜号，这就是小的进步。家长经常发现孩子的进步并及时给予鼓励，引导孩子发展自我的潜能，而耐力正是在这样一次次被肯定的过程中逐渐培养起来的。家长要不断肯定，用鼓励的态度培养孩子能够感知自己的进步。

（三）情绪管理能力

孩子的情绪管理能力非常重要，会直接影响专注力、耐力等能力的提升和发展。你一定有体会，当你心平气和时，所有的能力都能发挥得比较好，这就是情绪管理能力的重要影响。

孩子在学习中常见的情绪问题有：拖延、畏难、逃避、烦躁、走神儿、闹、发脾气。孩子的情绪管理能力可以说对学习具有重要的影响，越到高年级越明显。

孩子受家长的影响极深。如果家长的情绪管理能力差，孩子的情绪管理能力通常也不好，因为他们要承受很多来自家长的负面情绪的压力。很多孩子爱发脾气，很容易被激怒；动不动就哭，容易害怕；容易陷到忧郁里，无力从容面对现实，尤其是青春期的孩子。青春期的孩子在心理和生理上都面临很大的变化和冲击，控制自己身体里的"洪荒之力"已经非常不容易，加上进到中学后学习压力和人际交往的压力迅速增大，能不能克服种种困难，能不能全力以赴地勤奋学习，孩子的情绪管理能力就会起决定性作用。在中学的孩子中，情绪管理能力中的意志力决定了孩子花在学习上的有效时间。

情绪管理能力好，积极乐观、自主的孩子更容易调整自己，这样的孩子学业也会比较顺利。而情绪管理能力差的孩子容易走偏，跟父母和老师对抗，逆反，沉迷爱情和网络游戏等。智商足够高，但情绪管理能力不好的孩子，也很难有进步。

我的心理辅导室里的学生尚志是个智商特别高的男孩，他的计算能力、学习兴趣和专注力都非常好，但他之前的情绪管理能力和耐力却非常差，尤其是在小学低年级阶段。尚志因为学习能力强，所以很快进入自学阶段，但是他一遇到解不出的题，马上就变得极不耐烦，进入非常明显的痛苦状态：有时候哭，有时候大闹，有时候大发脾气，极端时边做题边大哭，捶桌子甚至撕掉作业。每次尚志的情绪出现问题，我都允许他充分表达情绪，同时温和地提醒他尽量别干扰其他同学。在安抚之余，我也会认真地肯定他：你是因为有很强的上进心并且很好学，不想放弃但又觉得困难才会这样。我会给他时间处理情绪，并鼓励他继续努力。我也会根据课上的实际情形调整教学方法，如果他的情绪调整不过来，就暂停，如果他的情绪良好，就继续学习。三四年的正面陪伴，使得尚志的情绪管理能力取得了明显进步。到初一时，尚志的情绪管理能力已经很强，他变成了快乐少年。尚志在学习上的进步也极大，进入初中后，他的数学学习能力极强，被老师和同学们视作数学神童。

家长的情绪管理能力差，通常孩子的情绪管理能力也不好，其中既有遗传的因素，也有家庭成员之间互相影响的因素。情绪管理能力强的孩子，学业会比较顺利；情绪管理能力差的孩子则容易走偏，陷入孤独、迷恋网络游戏等。培养孩子的情绪管理能力，需要家长从自身做起，学习管理情绪，创建和谐的家庭环境，包容孩子、接纳孩子，和孩子共同成长。

情绪管理对家长和孩子来说都是非常重要的。至于方法，大部分适合成年人的情绪管理的方法都适合孩子。

在家庭教育中，如果想提升孩子的情绪管理能力，家长要做到以下两点：一是努力让愉快的情绪与孩子的学习联结起来；二是在孩子遇到困难陷入逃避和痛苦状态时，接纳、包容孩子，在安抚和帮助孩子走出痛苦之后，鼓励孩子勇敢地再去尝试，帮助孩子从怕犯错误，到平静地面对错误，再到稳步地进步。

（四）自学能力

在高中阶段，自学能力是学生最重要的能力之一。很多孩子在小学和初中时成绩还不错，高中就跟不上了，尤其是一直接受填鸭式教育的孩子，就开始掉队了，归根到底是家长忽略了对孩子的自学能力的培养。高中的功课，尤其是数学，难度比较大，教学进度又快，需要孩子有主动学习的能力。

要培养孩子的自学能力应避免灌输，因为不断灌输会剥夺孩子的自我成长机会。学校的老师在教授知识时讲究灵活性和趣味性，家长要鼓励孩子上课认真听，但也要尽量避免安排孩子重复听。很多家长以为先学一遍有优势，事实上，这样一则会引起孩子的厌烦心理，二则会让孩子觉得还有机会再听，反而不容易专注。当然，孩子如果上课没有听懂而主动去复听是很好的，这样也有助于提升他的自学能力。

二、培养学习能力时各年龄阶段的注意事项

在孩子成长的不同阶段，其学习能力的培养侧重点也不同，我们应提前为孩子在下一个阶段学习能力的提升做准备和打基础，而不是临时抱佛脚。

（一）幼儿期

这一时期有两个要点需要注意。

第一，幼儿期后期，家长会出现懈怠的情况，这是因为之前太辛苦，所以在这时需要有自己的空间。尤其是妈妈，度过了之前担惊受怕的时期，需要放松心情，享受一下生活，往往此时婚姻关系也进入疲惫期。然而，家长的懈怠会影响孩子与父母的互动，进而影响孩子能力的提升。

第二，家长给孩子安排的提升孩子学习能力的训练和活动，带给孩子的感觉应是游戏，而不是劳累。家长要从激发孩子的求知欲的角度出发，教孩子学一点知识。这个时期的工作重点是培养孩子对小学生活的期待，为孩子上小学、适应小学生活做好各方面的准备。家长应注意训练孩子的动手能力，很多男孩子在小学初期不适应，不爱写作业，就是因为写字费劲。要特别注意的是，家长不应因怕孩子打扰就把手机给孩子玩，这样一来，孩子的专注力和视力都容易出问题。

（二）小学时期

小学是培养孩子学习能力的关键时期，也是学好"语数英"的关键期。家长管得好，孩子在五年级就会非常省心。帮助孩子提升能力的具体方法，将在如何学习数学和语文的章节中提及。

（三）初中时期

这个阶段最需要家长调整心态，为孩子提供良好的环境。相对高中而言，家长在初中开始培养孩子各方面的学习能力相对容易些。家长要培养孩子勤奋刻苦、有主动性，帮助孩子建立自信，鼓励孩子多花时间、多努力，不断在这个慢慢爬坡的过程中挑战自己。

另外，孩子在初中时思想趋于成熟，此时他在社会关系中的自我定位就成为一件极其关键的事情，这种定位有时会影响他的一生。我们要推动孩子不断探索以建立自信心，要在交友、恋爱、性发育、情绪困扰、自我情绪管理等方面想办法帮助孩子。亲子关系好的家庭不难做到，对于亲子关系不理想的家庭，家长可以考虑求助心理咨询师。

上了初中，有些孩子存在以下三种情况：第一，小学阶段的基础不好，进入初中开始避重就轻，对学习显出逃避的态度；第二，小学学习非常顺利，曾受到非常多的表扬，但并非靠勤奋得来，学习基础不够扎实；第三，小学的好成绩来源于父母的严管和督促，本人没有主动性。存在这三种情况的孩子有可能面临同样的危险，那就是在初二时出现成绩滑坡现象，家长要事先做好心理准备，并加以重视。

（四）高中时期

如果孩子在高中阶段还没进入成功期，那谈培养学习能力，多少有点儿来不及啦。高中的学习任务是比较重的，但家长还是可以有所作为。这个阶段努力的重点是脚踏实地。我认为，家长能给孩子创造的真正的起跑线是脚踏实地、平和的自己。基于此，我们要时时自省并调整好心态。因为高中的孩子已经完全进入青春期，这个阶段的孩子不但自身面临很多压力，也开始挑战和质疑家长。青春期，是修补亲子关系的一个理想时期，家长能做的就是做好自己。

首先，家长要努力营造好的环境，稳住自己（因为很多家长接近更年期，自己的情绪有问题），助力孩子前进。如果家长本身有狭隘的观念、糟糕的情绪管理能力、失控的言行，那么这些就会成为孩子的阻力。家长想让家变得温暖和幸福，应首先改善自己的状态，培养良好的亲子关系。

其次，家长可以调整目标，鼓励孩子到大学一定要进入成功期。家长要不断帮孩子建立勤奋的理念，鼓励孩子脚踏实地，强调"不怕学不会，就怕不勤奋学"。具体到学习上，就是要抓基础，帮助孩子尽可能地跟上学校进度，可以适当放掉难度太大的部分。孩子只有树立信心，养成勤奋的学习习惯，情况才会慢慢好转。当孩子的心态越来越笃定，并知道解决困难的方法以及迈向成功的方法，他们才会生出积极的心态。

| 第四章 |

成功期：保持谦谨

我们所说的成功期，是指孩子学习勤奋，同时考试分数高，这是让家长和孩子都觉得踏实和自信的时期。处于成功期的孩子无论在学校还是在家庭生活中，其状态通常都是让人满意的，也是家长们追求的理想状态。

第一节
成功期亦是变动期

在小文读中学的6年里，很多家长羡慕我，因为小文已经处在第三象限——理想的成功期啦！他一直勤奋，成绩优异，是大家眼中热爱学习、热爱生活、非常快乐的好学生。但在这6年里，一路陪伴他走过来，我深深地体会到了什么是忐忑。每个家长都是一样的，即便自己的孩子是别人眼中的成功期的孩子，他们也能看到孩子在学习的各个阶段仍然会不断遇到挑战与困难。学习的历程并非那么一帆风顺，繁重的课业、浮动的成绩、青春期的懵懂、成长的烦恼，无一缺席。

孩子已经进入成功期，勤奋踏实，成绩好，这自然很值得开心，不过成功期其实也是变动期，不会任谁安心躺平。这时的家长还要不断提升自己，保持谦虚谨慎，想办法一直助力孩子。

作为家长，我在小文读中学的6年里，心态完全如经营企业的商人：战战兢兢，如履薄冰。大概每一位正在护航初高中学生的家长心境都是如此吧，忐忑、小心翼翼、患得患失，只是程度和关心的点不尽相同而已。

成功期也是变动期，如居火屋、行漏船。即便孩子是优秀的，家长也不能完全放松警惕，因为在这个特殊的阶段，所有的事情都可能发生变化，家长要时刻稳住自己，用心护航。

第二节
父母是语文学科的第一助力

一、无处不在的语文教育

我虽然是个心理数学老师,但是也想认真地给大家讲一下怎么教孩子学语文,因为语文和数学是最重要的两大基础学科。

大家知道著名的数学家"数不清"先生吗?每次我跟孩子们这样开玩笑,孩子们都会笑。是的,我刚才说的就是我国著名的数学家苏步青!苏步青先生曾经说过:"如果说数学是各门学科的基础,那么语文就是这个基础的基础。"苏先生任复旦大学校长时曾说:"如果允许复旦大学单独招生,我的意见是第一堂先考语文,考后就判卷子。不合格的,以下的功课就不要考了。语文你都不行,别的是学不通的。"一位数学家这样说,可见语文是多么重要的学科啊!

一直以来,社会中存在一种现象:很多家长轻视语文。他们认为学不好语文就学不好吧,将来又不当作家,只需要学好技术或理论就好了。

近年来,国家对语文的重视程度明显提升,比如,在"教改"中不断提高高考成绩中语文分数的比重；中考录取时，同分情况下，以语文成绩高低决定录取顺序。可能单单从功利的角度来说，大家已经开始重视语文成绩，但很多人对语文的重要性还没有清晰的认识。当你没有清晰的认识时，你就不会有足够的动力去学好它。

从长远来看，孩子确实可以不当作家，不专门从事跟文字有关的工作。但是，无论做什么，都离不开语文能力。无论孩子想成为物理学家、生物学家、工程师，还是想成为一个平凡的员工，又或是成为乔布斯那样了不起的人，你都要交流吧，你得作论文、写报告、演讲吧，而这些，离得开语文吗？

语文，是我们学习知识和表达的基础。它就像一座建筑的地基，重要到我们每天都在使用，而我们中的很多人却意识不到它的重要性；就像呼吸，我们都在呼吸，可是我们通常都意识不到我们在呼吸；就像心跳，我们活着，心就在跳，但除非在特别的时刻，一般情况下我们并不会注意我们的心在跳。

语文对我们来说，就像呼吸和心跳一样重要，是我们逻辑思维发展的基础。语文塑造着我们，也影响着我们。

在信息时代，世界变化快，表达变得更加多元，语文也有了更丰富的内涵和外延，因而家长应重视对孩子的语文能力的培养。

语文如此重要，那么我们是如何学习语文的呢？

其实我们一出生，就在学习语文了。想想看，我们学说话、理解别人的想法、表达爱与需要的过程，是不是都在学习语文。

因此可以说，我们一直是在一个很大的系统里面学习语文。

二、语文与家庭的关系

语文与家庭的关系是怎样的呢？每个家庭中的孩子都有着属于自己的语文学习特点。孩子在和父母的互动中一直在学习语文。父母与孩子的互动里就包含着语文教学。

大家可以回想一下，在家庭里，家人之间都是怎样交流的？你使用的是什么样的语言，普通话还是方言？你怎么表达善意，怎么表达关切？在表达中，每个人最习惯用什么样的主语、动词、形容词？有什么样的口头禅？如何谈论新闻事件？如果家中有人有开心的事情，如何庆贺？如果家人遇到悲伤的事件，你们如何安慰？在有争执时，你们是怎样吵架的？如果你们一起看了一场电影，你们又是怎样评价这场电影的？你们如何谈论时代与社会？这些都在影响和引导孩子学习语文，生活里所有的事件本身都是生动的语文教学。

在家庭里，父母的语言表达能力越强，父母之间的交流越顺畅和愉悦，父母与孩子的互动越多，孩子在潜移默化中累积的语文知识就越丰富；在家庭里，每一位家庭成员更多、更丰富地表达爱和感受，更自由、更民主地分享生命与生活中的细节，谈论我们这个时代的方方面面，孩子获取的信息就更多，感情就更充沛，也更容易形成良好的思维习惯。所以，语文的学习并不是从识字开始，它开始于我们的家庭，开始于我们和孩子的亲密关系。

很多父母并没有意识到家庭日常生活中语文教学的重要性，认为孩子收到语文课本后开始学拼音，认字，才是语文学习的开始。当孩子的语文成绩不够好时，父母就认为孩子学得不够好。这些观念都是需要修正的。

三、如何学好"小语文"

小语文，也就是大家通常理解的对语文教材的学习，包括阅读、写作和应对应试教育的部分——这是规则的一部分，对规则的理解与适应，同样是一个人社会化的过程，不可忽视。

辅助孩子学好语文，要从拼音、识字、阅读、写作、表达能力五个方面出发，重中之重是对孩子学习兴趣的培养，包括语感、对文学的好感、对阅读的兴趣。

（一）拼音

很多家长会忽略拼音的重要性。其实孩子的拼音掌握好，识字会更容易，这是授之以"鱼"还是授之以"渔"的问题。但拼音在小学一年级的教学里基本上只有一个月的学习时间，很多学习能力不强的孩子，拼音都掌握得不扎实，之后则会严重影响识字的进程。家长可以自行观察，也可以询问老师自家孩子的学习情况，可以安排一次听写，看孩子是不是一次就能过。如果孩子掌握得不好，就让孩子愉快地重复练习，直到记熟为止，把拼音的基础打好。家长在这个过程中要保持态度温和。

（二）识字

识字需要循序渐进，不刻意求量。家长可以通过启发、鼓励让孩子顺其自然地识字。若是执着于增加孩子的识字量，导致孩子觉得乏味甚至有疲劳感，就彻底打压了孩子对语文的兴趣，完全属于本末倒置了。

真正学好语文，识字量不是最重要的，关键在于夯实基础。孩子的语文是否学得好，并不在于之前识字量的多少。上学时，孩子们的识字基础不一样，识字量能跟上学校的进度就可以。当孩子对阅读产生强烈兴趣后，他们会自然而然地主动掌握和积累生字。

（三）阅读

优秀的语文老师说，好孩子都不是老师教出来的。我们大家都清楚，同一年级的学生，每个人的阅读量可能千差万别，这也造成了高年级后孩子语文成绩的巨大差异。

（四）写作

泛泛地讲，其实写作能力就是描述生活，描述风景，描述事件，表达感受，表达观点。

有人说现代孩子的写作能力似乎在退步，其中有一个观点认为，孩子缺少生活体验，缺乏直接经验和感受。建议家长少带孩子上兴趣班，多带孩子体验各种形式的生活，如做手工、劳作、爬山、钓鱼等。

写作的思维是先看有没有想法。有些孩子因为生活体验少，缺乏想法。但也有很多孩子的写作困境是，有想法，但不能很好地表达出来。这是因为阅读量不够。

小学阶段的作文是记叙文，讲故事的起因、经过、结果。到了初中，随着孩子思维能力和思辨性的增强，记叙文的训练更强调感受，要求文本感人。初中还初步接触议论文，需要做到结尾点题。高中对孩子的思维训练更强，高一作文从记叙文往议论文过渡，即便讲故事，重点也已经不在故事描述，而是侧重于思维的深度，透过故事深入思考，从点到面，由浅及深，谈出自己的想法。随着孩子思维能力的发展，即使是面对相同的文本，他们的解读层次也会变得更丰富和深刻。

父母有写作的习惯，对孩子的影响也会很深。现今的写作是随时随地可以进行的，更加自由。家长可以充分利用微博、微信以及公众号等，鼓励孩子有感而发，多写多练，慢慢提升写作能力。

当然，培养孩子的写作能力，最好的选择是培养孩子的文学情怀。文学能力的积累，虽然跟应试不完全是一条线，但是稍加点拨，能极大地促进孩子在写作方面的提升。

（五）表达能力

表达能力非常重要，家长要创造机会让孩子表达，比如鼓励孩子参加朗诵、辩论、演讲活动，锻炼孩子在公众场合讲话的能力，也可以在自己的家庭和朋友聚会中让孩子做主持人和发言。参与这类活动比较多的孩子，语文成绩也会有明显的提升。

四、关于阅读

(一)营造良好的家庭阅读氛围

你如果希望孩子爱阅读,那么很重要的一点是要在家里营造出好的阅读气氛。在孩子小时候,家长可以和孩子一起去图书馆、绘本馆。如果家中有书柜,可以做好分类,比如:"文学+心理+历史+经济"等,一个书柜里,有妈妈读的、爸爸读的、孩子读的,以及共同读的,这会给孩子非常直观的印象。爸爸妈妈可以经常和孩子一起读书,能定期开小型家庭读书会就更好了。这些都可以增强孩子的阅读兴趣。

(二)不同年龄阶段阅读材料的选择

幼儿阶段和小学低年级阶段应以故事为主,小学高年级阶段可以逐渐加入小说以及思辨性强的书。这也跟孩子的阅读习惯和兴趣有关,要记得保护兴趣永远是第一位的。

(三)如何帮不爱读书的孩子拓展课外阅读

有些孩子就是不爱读课外书,针对这样的孩子,家长也不必着急,因为学校的语文课本里有课文,孩子如果在学校里认真把每一篇课文吃透了,阅读量也不小。课本里很多知识不是孤立存在的,是融合在内容里的。以学校学到的知识为基础,再拓展同类和相关文章也可以。家长要不断地给孩子找适合他的文章来读,文章是极丰富的,包含历史知识、科幻知识、美学故事等,总能找到他感兴趣的。家长要尊重孩子的阅读兴趣,可以借助演出、电影、电视、广播等多种形式来丰富孩子的阅读素材。

要注意，阅读不单单是读，家长要引导孩子边读书边思考，在生活中加以引申。孩子只要不断累积素材，写作文就可以水到渠成。

（四）经验分享

家长都会自然而然地做自己喜欢的事情，这对孩子有巨大的影响。我是超爱读书且阅读量极大的人，但我的孩子并没有遗传我的特点。于是我选择成为一名顾问，负责给孩子查漏补缺。有段时间，我几乎把所有的时间都用在想办法给孩子补充文学知识上。做成这件事需要一个过程，首先应赢得孩子的信任。

我先就读书问题和孩子建立充分的信任关系。第一步，我认同孩子读的书，和他一起看，比如《斗罗大陆》《斗破苍穹》《哑舍》等，然后和孩子讨论。之后我会有选择地推荐一些书给孩子看。孩子们对流行的、时尚的内容更敏感，喜欢动漫里的爱情，我就给他推荐传统经典的作品作为补充。孩子有段时间特别教条，做什么都一本正经的样子，我就及时挑选有个性的作品给他，极力推荐他看金庸的作品《鹿鼎记》。武侠世界的自由可以让孩子解脱部分束缚。在孩子的青春期，我给他推荐一些我认为适合的、有关爱情的书，比如三毛的《撒哈拉的故事》、琼瑶的《彩霞满天》、池莉的《不谈爱情》、村上春树的《挪威的森林》、川端康成的《伊豆的舞女》、苏童的《妻妾成群》、张爱玲的《倾城之恋》《金锁记》等，所幸我推荐的书从没让他失望过，孩子都会认真读。一段时间之后，孩子的阅读量已经比较大，而我仍继续认真挑选并向他推荐，鼓励他多读书。

家庭内部的交流对孩子语文能力提升的重要性不言而喻，透过语文的学习，孩子建立起的高情商、快乐学习的能力将惠及一生。这不仅仅可以应对考试，也可以让孩子成为一个自由的，享受成长和学习过程的身心健康的人。

第三节
父母的执行力，决定孩子的数学基本功

数学好的人在学习上占很大优势，并且数学好的人通常物理、化学也很好。在我的经验里，所有智商正常的孩子都能学好数学。大家也都知道，孩子学数学，越小培养越好。可是事实上，这么多年来，根据我在生活中的观察，能有章法地去做，能很好执行并取得效果的人还真是少之又少。大多数家长都是跟风或者想当然地乱指挥，适得其反的例子非常多。

根据我的数学学习经验和辅导孩子学习的经验，我总结了一些帮孩子学好数学的关键词：注重基础、了解孩子的情况（学力测试）、培养孩子的兴趣、培养脚踏实地的习惯、在因材施教的基础上鼓励他做次数足够多的重复。这些方面做得好，孩子学习数学就会轻松自如，因为数学实在是一个奇妙且可以不断探索的学科。

一、基础最重要

很多人都以为高中数学最难，其实，在孩子学习数学的过程中，最难的是小学的计算。小学的计算功底对孩子学数学是

起决定性作用的，是重中之重，其他科目或许可以靠勤奋提升，但数学的逻辑性很强，是循序渐进的，如果基础没有打好，后面就很难有进展。通常大家都以为小学数学简单，初中开始有难度，到高中特别难，其实不然。很多老师都有经验，不少孩子到初中学数学遇到困难时发现小学计算没过关，到了高中又后悔初中数学没学好。如果孩子的基础打得好，逻辑思维建立得好，对数学的兴趣足，那么学数学是可以越到高年级越轻松，这一点跟我们目前的教育现状是相通的。很多家长觉得孩子小时候很好管，越大越不省心，那很可能是因为很多问题在孩子小时候就已经存在了，只是他那时候力量不足，畏惧家长，不敢对抗。但是，到初中之后，孩子的力量开始强大，家长发现再靠压制根本管不了了。其实孩子省心是因为教育得好，一旦教育做好了，孩子在小学五年级之后基本就不用家长操心了，他可以把自己管理得很好。

二、通过学力测试，了解孩子情况

家长可以多跟学校老师交流，对自己孩子的学习情况有一个清晰的认识。我的孩子小文上四年级时，我了解了他在多个方面的能力发展状况，具体到他的握笔姿势，他对数字的反应能力、计算能力、专注力、耐力等。我发现，他对数字的反应速度和计算速度比我预想的好，但是握笔姿势有问题，专注力和耐力都很差。结合孩子的实际情况和老师的建议，我在家里给孩子做了一些有针对性的训练，面对孩子不擅长的领域，我也会更有耐心。希望家长们也能多了解孩子的实际情况，不要盲目责怪孩子，要更多宽容孩子。

三、有趣的数学教学

我一直觉得，数学是一门特别有趣的学科。学数学，首先是认识数。家里有小孩子的，可以训练小孩子数数，要记得是愉快地数数。家长可以买一张1—100的数字表，让孩子以游戏的方式，闲了就去数一数，数几个都无所谓，家长只要为孩子喝彩就好。3岁及以下小孩子需要用手指着数字，边认边数，从1开始，每天往下数3个、5个、10个或者50个数字。要不断地复习，重复很多遍，孩子才会真正地建立概念。孩子上学前，家长要关注一下孩子是否可以顺利地数到"120"，因为101—110和111—120这两个区间的数字，如果孩子已经数得非常流畅，就说明孩子的数序概念建立得还可以。3岁以上的孩子，根据能力，家长可以让他每天往下数50个数字，直到数到"1000"或者"2000"，然后再从"1"开始练习。这样日积月累，孩子的数序概念就会建立得很好。数序的概念其实就是真正学会"+1"。孩子真正掌握了"+1"以后，再对"+2""+3""+4"等进行专项的训练。"+1"掌握得扎实，后面就会比较轻松。

我对小学初期数学逻辑思维的理解就是孩子在头脑中建立

清晰的加是加、减是减、乘是乘、除是除的概念。孩子的瞬间反应快速、清晰、准确，这说明逻辑思维建立得好。在一个班里，通常孩子之间的智商差异并不大，但孩子有没有把逻辑思维建立好，在高年级体现出的学习能力就会差别极大。孩子之间的反应速度，在小学时相差不过几秒，但到了高年级，加上字母、根号等，可能差距就超过10分钟了。所以很多孩子到高中就容易跟不上老师的进度，听不懂课，这是因为基础能力没有过关，很容易因畏惧而放弃。如果孩子在小学时计算基础打好了，就意味着他的耐力、专注力，他对数学的信心和热爱，还有他脚踏实地的态度都培养得很好了。所以在小学阶段孩子计算能力培养得好的孩子，到初中之后会觉得轻松得多。

四、将好情绪与数学联结

恋爱是一件浪漫的事情，其实学数学也可以如此，因此我们的目标是培养孩子跟最难的数学谈一场恋爱。我们可以运用各种技巧，以游戏或比赛的方式进行数学教学。我们要想办法让孩子将愉悦的情绪跟数学联结起来，想办法让孩子在数学里收获自己的成就感。我们既然在每个阶段都能预知难度和努力方向，就可以用巧妙的语言鼓励孩子学下去。只要我们把这些功课都做好，孩子就能跟数学谈一场愉快的恋爱，从而爱上数学，爱上学习。

| 第五章 |
待定期：谨防成绩滑落及滑落后的心理问题

不勤奋，但考试成绩却总是很好的学生，常被人们羡慕地称为"学神"，但我认为这其实并不是理想的状态，而是一个待定期。这类孩子的智商通常很高，一向随便听听课就会了，他们比较懒惰，讨厌重复，考试前临时突击就能拿到不错的成绩。但随着年级渐高，他们的成绩是不稳定的，一到特定的节点，就容易滑坡，从而坠落到闲置期。

第一节
待定期实则等同闲置期

不勤奋，分数却很高，处在待定期这个象限的孩子，除了优越感很强、家长得意，事实上其学习状态跟闲置期的孩子很像。他的好成绩不是来源于勤奋，而是来源于天赋高。那么，他日后很可能"翻车"（当然，极个别天赋异禀的人不在我们讨论的范畴）。大体上，五年级下学期末段、初二下学期末段、高二下学期末段这3个时期是非常明显的节点，这3个节点是学生综合实力展现的时段。你会发现，智商高但并不勤奋的孩子基本上会在这3个节点中的某一个时段出现成绩大幅下降的情况，并且很难翻身，从而彻底沦为闲置期学生。

我曾见过一个智商超高的孩子，名叫天泽，他的父母都比较强势，他在小时候表现卓越，各科成绩一直拔尖儿，父母也逼迫着他加入各种激烈竞争。当然，他也非常争气，到处拿奖，非常出众。到初三时，天泽出现了严重的厌学情绪，虽然他的心思都不在学习上，但他的成绩却一直不错。高中时，天泽彻底失控，疯狂迷恋上网游，甚至跟父母对抗以争夺玩电脑游戏的权利，根本无心学习。虽然他们全家整天鸡飞狗跳，但他在高考时还是顺利地考上了清华。这就算人生赢家了吗？到大学里，天泽仍然无法摆脱网瘾，每天不去上课，在宿舍打游戏，很快就因为严重挂科被清华劝退了。

一些智商超群的孩子心气很高，优越感十足，有点瞧不起那些勤奋却成绩平平的人。他们非常讨厌重复，可能因为内心缺乏安定感，总是不踏实，显得非常浮躁。即便他们有时候想勤奋地学习，但做起来也是难如登天，因为勤奋跟他们的一贯行为是冲突的，心理惯性无法克服。

因为成绩虚高，处在待定期的孩子即便成绩没有滑落，绝大部分人的内心也是充满痛苦和忐忑的，一旦从云端滑落下来，就仿佛失去了支点，极可能会产生严重的心理问题甚至精神问题。

待定期和闲置期的孩子一样，家长想让他们变勤奋，就需要了解并移除阻碍他们勤奋的诸多因素。聪明的孩子不肯勤奋往往是因为有这样的想法：怕努力了却没有得到期待中的效果。之前都是轻松的样子，高调展现着自己的优越感，如果现在用全力去刻苦学习，别人会怎么看我？轻松超然的优越感无法维持了，如果之后的学习成绩没有更好，如何维持自己的人设呢？于是相当多待定期的孩子即便发现自己在学习上已经力不从心，也不肯勤奋，而是更倾向于寻找其他出路，比如转而迷恋上玩网络游戏或者过早地涉足恋爱等。这些都是阻碍待定期孩子变勤奋的重要因素。

一个人在学生时代的学习态度，到工作中就会演变成他的工作态度，也会是他一生的生活态度。

所以，即便孩子的成绩一直很好，家长也要把眼光放长远，多注意观察，识别自己的孩子处于成功期（勤奋学习，分数高），还是处于待定期（不勤奋学习，分数高），以便未雨绸缪或亡羊补牢。

如果家长用心识别，待定期的孩子是可以分辨出来的。通常这类孩子的成绩在彻底滑坡之前，会略有下降，而在一个小高峰之后，名次和成绩就再难有明显提升。只靠所谓的"吃老本"，他们的成绩会在一定时段内持续地下降，幅度或许不大。家长可以观察孩子的日常生活、学习兴趣、学习效率、作业完成情况、上课的听课情况、情绪状况，比如是否浮躁、对学习具体科目的自信程度如何，以及眼神是否自信，等等。如果发现孩子明显已经懈怠，就有些危险了。同时，这类孩子在成绩滑坡之前，也可能会有一些异于平时的表现，比如对抗父母、过于自负、我行我素等，或者多有任性之举，但往往还有一个共同之处，就是他们不快乐——哪怕是随意地玩，也明显带着执拗，并不能完全放松下来。这个时候，家长要积极想办法帮助孩子，以避免之后出现更复杂的问题。

当然，一些孩子在青春期出现反叛和对抗父母的情况，往往是因为父母过于强势、控制孩子，从而引发孩子产生厌学情绪。因此，父母对待孩子的态度极其重要。

对待待定期的孩子,和对待闲置期的孩子一样,家长应想尽办法引导并推动他们勤奋。

他们一旦勤奋起来,就成功地进入了淬炼期。因为他们的智商高,比一般闲置期的孩子更有优势,如果辅导得当,他们接下来进入成功期是比较快的。

第二节
警惕孩子成绩滑落后的心理问题

待定期的孩子一旦成绩滑落，极易出现心理问题。我见过太多家长，完全把精力聚焦在孩子的成绩上不上得去、去不去得了好学校这一类问题上，根本没有想到孩子成绩不好其实并不是最严重的问题，最严重的问题是孩子因此颓废或者陷入很深的自我否定中不能自拔，甚至出现精神问题。

由于对分数和名次过于看重，又没有脚踏实地的习惯，很多这样的孩子都停留在成绩滑落后的恐慌中，更糟糕的是，有些孩子陷进这种情绪无法自拔。

对全民影响最大的考试无疑是高考，有很多人在结束高考几十年后，仍然经常在梦中梦到高考。尽管高考并不能完全决定一个人的命运，有很多人没有读大学，仍然有所成就，也生活得很幸福，但如果陷在失败的情绪里走不出来，就非常可怕。

小时候，我身边发生过一件关于高考失利的悲伤的事。大约是在1988年，那时的高考非常难，90%的人都考不上大学，邻居家原本心高气傲、成绩突出的帅小伙儿，因为高考失利，情绪崩溃，精神分裂了。等他住院之后，录取分数线降了，他又被大学录取了，但当时的他已经无法去上学了。后来，他虽然参加了工作，但病情持续加重，整个人生都毁了。

而另一个孩子月盈是比较幸运的。月盈生活在北方的一座小城市，因为天资聪颖，从小不怎么努力，成绩也一直拔尖儿，后来她顺利地进了一所重点高中。从高一下学期开始，月盈开始觉得学习有些吃力，功课也不再像之前那样看看就能懂，她也知道不会就该努力学，但她因为没有勤奋的习惯，根本学不进去，每天担心成绩下滑，在学校里度日如年。高一虽然顺利度过了，成绩还凑合，但从高二开始，月盈的问题加重了，她知道自己跟不上教学进度，尽管内心焦虑却力不从心，出现严重的头疼，以至于无法上学。家人带她到大城市的医院治疗，做了各种检查，看脑科、神经科等，她也不得不大把地吃药。她的成绩自然下降了很多，而家长担心她的病情，也不再只关注成绩了。经由生病，成绩滑落，她不再是优等生，一切都顺理成章。解决了头疼问题的月盈难以回到从前，更加浮躁，静不下心来学习，甚至无法在教室里坐着。但生活还得继续。她开始接受每周一次的心理咨询，在咨询师的陪伴下，她逐渐清除内心排山倒海般的负面情绪，重新找准人生方向，稳定心态，接受现状，努力适应重回学校的生活。从一开始试着在教室里坐着，再到处理自己和同学之间的关系……一连串的困难在家长和咨询师的包容与支持下被她逐一攻克。

经过很长一段时间，咨询才算告一段落，月盈慢慢又可以正常上学了。月盈被拯救过来了，顺利地上了大学，大学生活也过得很快乐。

由上面两个高中生的故事，你想到了什么？有太多的孩子在遭遇成绩滑坡后，没有月盈的运气。曾经的辉煌不再，自己将以何等状态存在？这对青春期的孩子来说，是非常可怕的。待定期的孩子一直被当成优秀学生对待，享受虚荣的幸福感，但他们却无法专心投入学习，整日担惊受怕，其心理远比成绩一直不好的学生更脆弱。即便另辟蹊径，比如沉迷于网络游戏或谈恋爱等，他们在其中依然找不到快乐的支点。这时他们的自我价值感就会变得比较低，也很难在生活中找到乐趣，极易自暴自弃。

其实每个人的一生，都会经历一次甚至几次这样的坠落，或早或晚。面对痛苦，坚强自信，打破固执，重新出发，才能迎来更好的明天。

第 三 部 分

浸润式教养法

之家长行动指南

你们的孩子并不是你们的,

而是"生命"对自身的渴望所生的儿女。

他们借你们来到世上,

却并非来自你们。

他们虽与你们一起生活,

却并不属于你们。

你们可以把爱给予他们,

却不能给予他们思想。

因为他们有他们的思想。

——［黎］纪伯伦

和孩子一起成长是家长的责任，也是家长的不寻常体验。在养育孩子的过程中，家长会面临很多相似的困难和容易被忽略的重要节点，家长如果能提前了解这些困难和节点，就可以在孩子的教育之路上做到未雨绸缪，或者锦上添花。

同样的一件事情，家长采用不同的处理方式，取得的效果也会不同，对孩子带来的影响也会有差异。所以，家长在陪伴孩子成长的过程中，采取的每一种方式都应是审慎且高效的。

| 第一章 |

从量变到质变，在浸润中实现突破

你希望自己的孩子从小学习一项才艺吗？作为"普娃"的家长，我想大部分人都跟我一样清楚，我们让孩子学才艺的目的并不是培养他成为相关领域的专业人才。以钢琴来说，绝大部分学钢琴的孩子成为钢琴专业人才的可能性很小。事实上，我们只是想让孩子接受艺术熏陶，获得一些音乐素养，并希望音乐给他的生命增添一些美好的影响。

在此，我想借由学琴这件事谈谈父母所采用的方法对孩子的兴趣的影响，以免我们的做法总是背离我们的初衷。

我身边有太多被学琴伤害的孩子。让孩子学钢琴这件事本身体现了父母对孩子的爱，但练琴的过程往往充斥着软磨硬泡、乞求、责备、利诱、斥责、威胁、嘶吼，导致学琴成为孩子的一个痛苦负担。让孩子考级几乎是所有家长的选择，遗憾的是，不少孩子纵使练到了钢琴十级，也依然不爱钢琴，甚至有一部分孩子发誓再也不弹钢琴。

在让孩子学琴这件事上，我不急躁，不攀比，目的是让孩子愉快地学习。毫不谦虚地说，我的确做到了用浸润式的方法来推动孩子：全程不急不吼、不逼迫。这种方法看似轻描淡写，但却成功地让一个没有艺术天赋、根本不想学琴、顽皮好动的淘小子狂热地爱上弹钢琴。到后来，他常常主动地练习，每每想到有关弹钢琴的一切，内心都是愉悦的。推此及彼，我认为家长只要用对了方法，孩子无论学什么都可以快乐地去学习。

在培养孩子的兴趣爱好上，我一直秉承必须坚持体育和文艺爱好兼习的教育理念。小文很喜欢体育，但他对绘画、舞蹈毫无兴趣，于是经过慎重考虑，在小文5周岁生日时，我选择让他学钢琴。我相信他可以走出不一样的路。

首先是选老师。名气之类的不重要，我需要一位性情好、专业、真正热爱音乐的老师。浸润是温和的，不动声色的，让人觉得愉悦的。我认为，轻柔的声音能直抵人心。

经过慎重考量，我选了侯娟老师。那时的她刚从音乐学院钢琴教育专业毕业，是个素朴、温婉的小姑娘，不仅对音乐教学有着发自内心的热爱，还非常注重自身专业能力的提升，完全符合我的期待。我事先已经跟侯娟老师沟通好，不需要强迫小文，不需要有明确的教学效果，只要让小文通过接触钢琴，和艺术建立些联系就可以。我跟侯娟老师也一直保持着密切的沟通。

选好了钢琴老师，小文开始了长达10年的学琴历程。

初学琴的小文，像个让老师抓狂的"小猴子"。简单的手指练习和识谱，他在开始时还是能静心去学的，但到后来，跟我预料的一样，几乎一分钟不到，小文就开始"放羊"啦！一会儿在琴凳上趴着，一会儿跑到钢琴下面蹲着。老师给他讲课时，他闭着眼睛、晃着小脑袋，全程一副根本不听的怠懒相。难得老师真的不生他的气，总是和善温柔地包容他，并尝试用各种音乐形式和他互动。第一次课后，小文觉得钢琴课有趣，老师可爱。讨论之后，他同意每周跟侯娟老师上钢琴课，我也承诺他只要每周上满一堂课就好，态度不做要求，课后是否练习也不做要求，由他自己决定。

侯娟老师真是位好老师！她从来不批评小文，每次都温和地哄他坐下来。小文想学的时候，她就教他指法和事先计划的弹奏曲目。小文实在不想学了，她就给他弹有趣的曲子听，也让他选择想听的曲子，或者带他做音乐游戏。总之，小文和老师在一起的一小时，都围绕着钢琴，小文也沉浸在音乐世界里。后来，老师为了他还专门去学习了一些流行的音乐互动形式，钢琴课上也多了些有趣的选择。

我坚持每周让小文上钢琴课，课后不做任何要求，平时不督促，不提醒，练琴与否让小文自己决定。这样的状态持续了很长时间，其间，小文的爸爸和小文曾几次表示想放弃，但在我的坚持下，我们克服了一切困难，小文五年如一日地坚持了下来。那5年间虽然经历了老师结婚、生子，但只要能上课，小文就不曾缺课，我和钢琴老师也成了无话不谈的好朋友，友情一直延续至今。

那5年里，每次上钢琴课，小文都非常愉快。虽然他平时不怎么练琴，只靠课上的学习进步很慢，但是他一直跟着老师识谱、弹琴、做音乐游戏、与老师谈论琴曲以及与音乐有关的话题和故事、看老师推荐的钢琴电影、听老师弹好听的曲子。5年下来，孩子累积的音乐素养很深。课下，我们还常跟老师一起去听各种音乐会。有段时间，我们看宫崎骏的动画电影，小文学会弹奏《天空之城》《千与千寻》，还看久石让指挥的音乐会等，这都是浸润于音乐之中、培养兴趣的岁月。小文在六年级时写过一篇作文，题为《趴在琴凳上听老师弹琴的美好时光》，因为在那段时光里，他觉得非常幸福，所以直到现在，无论何时想起钢琴课，他的心里都是愉快的感觉。

小文学钢琴的转折点出现在2010年初。2009年秋天，小文刚上四年级时，性子还非常浮躁，专注力也很差，甚至一分钟都坐不住，从那时候开始，我特意开了工作室并安排辅导来提升他的专注力。在学习"心数"半年后，小文的专注力有了非常明显的进步，钢琴老师发现小文开始有练琴的耐力了，学钢琴也变得主动了。

新局面打开了。老师先是带着小文挑选他自己喜欢的、想弹的曲子，然后把小文感兴趣的曲子和自己推荐的曲子逐一为小文试弹并加以分析，直到小文选出觉得满意又适合的曲子，让小文重点精练。第一首曲子，小文选中了《哆啦A梦》。他很喜欢这首曲子，每次上课后会主动练习，渐渐地把这首曲子弹得有模有样了。之后，我们不定期地组织一些学钢琴的孩子一起玩、一起弹琴和交流。有一次，赶上钢琴老师组织的一年一度的音乐会，小文第一次勇敢地上台表演，结果让他感到很意外，同学们都觉得小文的演奏很吸引人。这次表演给了他很大的信心，从此他的兴趣更浓，也更愿意练琴了。我们尽可能创造让他公开弹奏这首曲子的机会，不断提升学习兴趣。后来我们约定，小文每年都选一首自己喜欢的曲子来练。

从《哆啦A梦》开始，小文的内驱力被唤醒了，学琴从此进入了新的阶段。随着时间的推移，我们看得出他对钢琴的兴趣和自信不断增强，上课也越来越投入。他每天主动去练习钢琴，琴技也渐入佳境。在这10年里，我一如既往地不要求他练琴，练不练、练多久、练什么，完全由他自己决定，因为这都是他的事情，我基本上只负责加油鼓励，推动他学习。

小文在老师的指导下，每年选一首自己最喜欢的曲子来精练，且每年都在音乐会上表演，选曲的难度也逐年加深。从五年级到初二，小文依次弹了《美丽的神话》《菊次郎的夏天》《加勒比海盗》《出埃及记》。到初三时，他开始练习《彩云追月》。小文弹琴时音乐表现力很好，每次音乐会上，他演奏的曲子都是最动人的，他选的曲子通常也会成为下一年度很多孩子练习的曲目。此外，为了增强小文学琴的兴趣和热情，我还让他去参加了一个相当业余的钢琴比赛,几乎每年都去,小文每次都能拿到不错的名次。我们一有时间就去看侯娟老师推荐的钢琴、小提琴演奏会。

小文的学琴过程,不以老师为中心,而以学生为中心,整个过程充满了快乐的情绪。学钢琴的10年里,我自始至终不曾要求或监督他练琴,完全是他主动学习。小文一直不肯练音基,老师也尊重他,并不断调整教学方法以加强他的基础。事实上,没有练习音基而直接去弹当下的技术和指力水平还达不到要求的曲子是很艰难的,所以在教小文时,老师做了很多新的探索。老师教琴重视基本功,也非常重视心、气息、音乐感觉和手的深度配合与协调,小文也努力一一做到。尽管进入中学后功课繁重,练琴的时间有限,但小文依旧怀有极大的热情,越来越多地和老师沟通音乐方面的话题。在老师的悉心指导下,小文总是能自己把握练习时间,不断地练习以提升自己,他选的每首曲子都如期练好,每次的表演也很精彩。

弹奏名曲《彩云追月》时需要弹奏者有很静的心态和灵活的手指力度,他选这首曲时,老师觉得难度过大,不建议他练,但当时的小文决心挑战一下自己,一定要把这首曲子弹下来。于是,在老师的悉心指导和陪伴下,小文开始每周一小节地去硬啃,持续勤奋练习,慢慢地把这首曲子完整地练下来了。熟练演奏的那段日子,小文把《彩云追月》弹得非常好,很有自己的风格。

步入正轨后的小文上钢琴课时专注力好，效率也高，且越到后期越明显。进入中学后的小文上钢琴课时，常常像海绵吸水般不断追着老师要求学习新的知识和技能。整堂课，他的每分每秒都是投入的，需要老师全身心地来配合他。侯娟老师直到现在想起来还是有诸多感慨：一是感慨后来的小文跟刚学琴时反差巨大，简直判若两人；二是感慨像他这样好学和主动的孩子实在不多，自己每次给他上课，师生俩都是很快乐的。业余时间，小文会选择很多不同风格的音乐来听，也时常推荐好听的音乐给我。我想，在小文学钢琴这件事上，我所有的期待都完美地实现了。

进入高中后，小文的学习任务非常重，他能学琴的时间也越来越少，故此只能渐渐结束每周的学琴生活。但是他10年来所有学钢琴的时光，跟钢琴有关的一切，都让他觉得幸福。

小文只是个"普娃"，在学琴上花的时间和精力都是很有限的，即便弹奏得最好的时候，也只是个相当业余的演奏者，根本无法跟那些演奏很出色的、专业的孩子相比。现在，和绝大部分学过钢琴的孩子一样，他很少去弹琴，但是我认为，作为钢琴的学习者，小文是出色的，他的学琴结果也是非常成功的。我相信，这段学钢琴的经历将永远成为他心中美好的记忆，音乐也会一直在他的生命中为他增添幸福的色彩。

我希望小文学钢琴的经历可以给有意让孩子学琴的"普

娃"家长们一些启发。当然,侯娟老师的教学水平很高,桃李满天下,她教的学生中最优秀的一位专业水平极高,斩获无数专业大奖,并在初三时就开了独奏音乐会。

| 第二章 |

和孩子一起成长

第一节
浸润式养育,更需要耐心与注意

一、静待花开,有可能是十年磨一剑

养孩子的过程,有人说是像带着蜗牛去散步,我却觉得更像一个静待花开的过程。每朵花开的时间不一样,即便悉心培养,方法得当,每个孩子的能力从量变到质变所需的时间也不相同,需要家长有足够的耐心去陪伴和等待。

我辅导过很多孩子,我也很熟悉和喜欢带过的每一个孩子。其间,我跟他们之间的关系完全平等,我对他们中的每一个人都持尊重和鼓励的态度,跟他们的对话永远是经过思考的,并想办法随时给予他们支持。我们共同处在一个开放、真诚、快乐的集体环境里,在这里,每一个孩子都只和自己比较，并在不断努力中成为最好的自己。我做事情喜欢深耕。虽然能和我结缘的孩子数量并不多，但一旦正式建立了关系，我就会对孩子极其认真和用心，尽我所能地去辅导孩子，指导家长来为孩子们的成长护航。

我一直叮嘱家长，在陪伴孩子成长的过程中要学会更耐心地静待花开。我们的辅导效果的完全显现（指孩子在学校考试成绩明显提升或是学习态度彻底变化），至少需要孩子2年有效学习的沉淀。十几年来，我见证了很多孩子的蜕变。孩子刚来时无论在学校的成绩有多差，一般经过足够长的蛰伏期，后来都能成功翻身，成绩达到中等以上。基础好的孩子，坚持久的，在高中阶段乃至大学阶段都很出色，学习轻松，身心健康。孩子们都很自信，在亲子关系、社交方面也都有很大的进步。

每个孩子开花的时间和方式都不同，我辅导过的孩子中等待期最长的应该是知柔，她是真正的十年磨一剑。

知柔在5岁时就开始接受我的辅导了。在所有同时期来的孩子里，知柔属于能力相对弱的，手指动作力度不够、对数字的反应慢，容易溜号。知柔每次辅导都来，认真且努力地坚持。但相对而言，她的进步是非常慢的。同样一份题，同年级的孩子比较快的10分钟内就能完成，她却要半小时；别人重复三四遍就能通过的教材，她要重复五遍到七遍。尽管如此，我们也不曾焦虑，一直稳稳地、耐心地陪伴知柔，不断肯定和鼓励她按自己的节奏慢慢前行。知柔的妈妈跟我的沟通一直密切而深入,她的妈妈是非常爱学习的,也在不断地改善自己对孩子的态度,并努力和爸爸一起尊重和爱护知柔,接受她的"慢"。时间不断流逝,我们眼见知柔从一名坐不稳椅子的幼儿慢慢长成少女,六年级下学期,知柔的"语数英"三科终于考出了90分的成绩。进入初中,知柔还是像个小蜗牛。她的"心数"的进步还是缓慢,写稍微有点挑战的作业,就会长时间发呆、心散、溜号、做不下去。虽然她很难按时完成"心数"的作业,但她跟我达成了一致意见:无论她是否能按时完成作业,她每周都要来参加辅导。在学校的学习中,知柔很渴望有高分的成绩,但是她又不肯努力。每周来我这里,我都和颜悦色地面对她。她喜欢看我跟孩子们互动,我们俩有时间也聊天。我有时候会跟她谈很多她想了解的事物,她也会跟我寻求解决之道,但当时无论说了多少激励的话,好像都只管用3天,很快知柔就又退回到自己光想不练的状态里。无论是否有进步,知柔和她的妈妈都非常信任我,她也喜欢每周来我这里,我也就一直陪伴和呵护着她。想来知柔如此喜欢来我这里,大概是因为可以一直被无条件接纳和包容吧!同时期来的、开花早的孩子陆续因为各自的原因离开了,最后知柔竟成了跟我学习最久的孩子。知柔跟我学习了大约9年半,到初三时才停止。如此长的时间,我们也没有看到知柔的觉醒和明显的蜕变。知柔妈妈常说:"我们是不是等不到她开花了,可能只有她是不开花的。"

没想到的是,进入高中之后的知柔给我们带来了惊喜。知柔在中考后顺利进入了她心中最理想的高中，此后她仿佛一下子觉醒了，突然间爆发出强大的学习热情，开始主动地学习，每学期的成绩都很优异，美术成绩更是突出。她仿佛变了一个人，非常珍惜自己的时间，且远比其他同学懂事、勤勉，和同学的相处也充满友爱。我们之前谈过的所有她期待自己做到的事，她都做到了，知柔终于成为父母心中最理想的、自律勤奋的好学生。知柔是真正的十年磨一剑，终于在惊喜声中绽放。

我们所有的努力，终会有回响，请静待花开！

二、成为一个好的"推销员"

在孩子的教育上，我们提倡从小尊重孩子，他的事情都让他自己决定，家长的话只作为建议。同时，家长对孩子的影响又是至关重要的，那么我们该如何发挥这种影响呢？

在教育的过程中，我觉得家长最好的学习榜样是成功的推销员。成功的推销员就是极耐心地试图把商品卖给合适的人，不断尝试各种推销手段，不成功也绝不翻脸，直至促成交易。

我常常觉得自己就像一名推销员。

首先，选对商品。家长想把什么东西推荐给孩子，东西本身必须要靠谱。我会非常慎重地考虑，所有给孩子的建议以及想要推荐给孩子的东西，无论大小，都是斟酌和验证过的，保证适合孩子、对孩子有足够大的益处。从小到大，我给小文推荐的课程、电影、美食等，基本上很少出现失误，也很少让他失望。

其次，我一直在学习做一名好的"推销员"。无论是想推荐给孩子一个好的东西，还是想培养孩子的一个习惯，或者"兜售"给孩子一种思想、埋下一颗种子，我们在给孩子提建议时都要细心考量。如果他欣然接受，当然皆大欢喜。然而，若我们预见孩子可能无法一下子接受，就需要预先做好铺垫，待水到渠成时再推荐给孩子。一些事情即便你当下做好了铺垫，孩子仍旧不认同、理解或接受，而你经过反复斟酌，觉得不能放弃时，就需要从长计议，慢慢来。这时候你需要静下心来，设计不打扰他的方式，以创新的、愉快的方式来"推销"你的建议，直至对方接受。这个过程可能很漫长，只要你足够有耐心，水滴石穿，终会成功。当然，如果最后不成功，你也要尊重和接受孩子的选择。

比如，为了小文升入中学以后学古文顺利，我提前做了一个计划，就是把《道德经》推荐给他。我从他小学六年级开始就不定期地给他讲道家学派，有时三五句，有时讲个小故事，经常以有趣、有意义的方式呈现，并配合讲一些"儒释道"三家各自的特色。我后来对他讲的重点是老子，顺道提出老子所著的《道德经》，配合着介绍一些影视作品、书等所传达和隐含的思想，来引入道家的相关知识，比如：金庸的武侠小说《射雕英雄传》里大家争夺的《九阴真经》，其中的很多内容就来自《道德经》；黄老学说"无为而无不为"的至高境界才是帝王看重的治国之道。最后，我才进入主题，告诉他：《道德经》几乎是古文里最高深的文章，如果读懂了它，那么其他的古文理解起来就都轻松了；所以，我们如果利用暑假熟读《道德经》，将会有大收获。由于我提前一年预热，小文完全接受了。暑假里，我们母子俩几乎每天都一起听无数遍的《道德经》朗诵，很多段落甚至都能背诵下来。如我所愿，小文上初中以后，语文考试中文言文部分很多时候都能得满分。

如果家长的推销方法精妙，无痕又持续递进和有效，到最后，孩子会认为你所倡导的其实也是他自己的想法。

谁说青春期一定是反叛期？没有压迫就没有反抗。如果你永远选择和孩子站在一起，不和困难一起去欺负他；如果你在所有正当合理的事情上都和我一样尊重孩子的意愿，那么，你的孩子在青春期基本上不会出现逆反现象。

第二节
打通"听到—认同—做到"之间的通道

我身边有好多朋友的孩子到了青春期,所以我屡屡听到朋友们抱怨孩子不听话、不学习、成绩下降、顶撞父母等。青春期的很多孩子长得比父母高了,责备不听、劝诱不了、要挟不得,家长对付小学生的那一套已经行不通啦!

教育是一件多么重大的事情!想想看,古往今来,世界上有多少人一直致力于教育事业,怎么会跟你没关系呢?我们大多数人都不是生了孩子就会当父母,如何教育孩子是需要下功夫去学习的。为人父母,总是有心要操,区别是有人先甜后苦,有人先苦后甜。抱怨的朋友多半是家里的孩子小时候比较听话、惹麻烦少,之前过得顺风顺水,家长没意识到要去学习教育孩子。孩子的教育出了问题,首先要检讨的就是家长,你没用心学习所以教育能力不够啊!出了问题不是坏事儿,如果因此认真地去学习如何教育孩子,如何沟通,没准儿教育能力就会大增,这会帮我们成为更好的家长。

你希望孩子听话,首先你说的话得好听,他愿意听!只有愿意听,才能听到!我们希望孩子听话,并不是孩子听到了就行，而是包含了"听到—认同—做到"三个步骤。我们希望孩子做出改变的，往往也是他当下还做不到的事情。那么，如何做才能让他先听到你的话，而不是屏蔽掉你的声音？况且就算听到了，与认同乃至做到之间，还有很远的距离。

"听到—认同"之间的距离有多远？我认为"听到—认同"，好比一个人从讨厌某个东西过渡到主动购买这个东西。

我们还得认真讨论一下"听话"这个课题。父母需要思考一下：你是一个成功、幸福的人吗？听你的话就一定能成功吗？你的话都合理，一定适合孩子、能帮到孩子吗？我认为，不太听话的孩子比听话的孩子更聪明、更自立、更容易成功，因为他有一个想验证信息是否正确的习惯。对最信任的父母的话也会质疑，验证后才做选择，这样的人到了社会上，才有能力去分析别人的话，才不会轻易上当。孩子大都是从青春期开始明显不听话的，不听话是因为他越来越有见识了，同时也有了质疑权威的勇气和能力。不听话是孩子成长必经的重要阶段，也是有积极意义的事情。家长不要希望你的孩子很听话，而要祝福他成为一个有主见的人。

或许有些家长会说："我说的确实是好话，都是为他好啊！他什么都不听啊！那我怎么办啊？"

"我都说了多少遍了！"

"你随便！我是没办法了！"

当你针对某个问题跟孩子沟通，他不听也做不到时，你对孩子说过以上两句话吗？一件事情，你跟孩子交代几次他仍不听从，你才会说类似这样的话（或是开始生闷气）？一次？两次？三次？五次？十次？还记得在孩子小时候，为了让他吃青菜，你特意让他看动画片《大力水手》吗？你的耐心到哪里去了呢？

再回想一下，你每次要求孩子做某件事，通常都是用一种语气，还是会变换语气？是直白地命令，还是会变换不同的方式？

当自觉劳苦功高的你说出前面的话时，你是否意识到了自己的愤怒、抱怨、无能为力？当你流露出种种负面情绪时，你又如何让别人愿意接近你，愿意听取你的建议？

更多时候，我们会纠结于孩子的态度，觉得他应该更尊重我们。但你认真反观一下自己，你对孩子的态度如何？你一直都尊重孩子吗？你平常对你的长辈又是怎样的态度？事实上，父母是孩子最重要的老师，你怎么做，孩子就会怎么学，也就是所谓的言传身教。

不少家长太心急了，说了一两遍，就逼着孩子做到。正面表达不超过十次就指责和抱怨孩子的都是缺少耐心的家长。不变换沟通的语气和方式的家长，在孩子心中，要么是暴君，要么太唠叨！

孩子在未成年时，是非常需要父母的引导和扶持的。所以，想让孩子听到并认同你的某个建议或观点，你就要成为一个足够好的"推销员"！首先，你要有足够的耐心，并反复、巧妙地推销你的观点。其次，你要尝试通过各个渠道，不停地宣传，经过几日甚至几个月的等待，方能让他听到你的话并认同。

很多家长还常常困惑，明明沟通好了，孩子也什么都明白，就是做不到。解决了理念和态度问题，孩子能听到你的话了，并且在思考之后很认同，这就已经很棒了！

"认同—做到"有多难？我认为"认同—做到"，相当于一个身高165厘米的女性，体重从150斤降至100斤。

作为家长，所有的事情要达到"听到—认同—做到"，是和孩子一样艰难的。比如，你听到别人说家长要温和，你也认同这一点，想努力去做，但这其实离你真做到态度温和还相去甚远。我们都知道且认同"迈开腿，管住嘴"就能瘦身成功，这听起来多简单，可真正能做到的有几个人？我们都知道喝酒、抽烟伤身体，有饮酒习惯和烟瘾的朋友就明白戒烟和戒酒是件多难的事。我们都希望自己不要一有时间就在网上刷朋友圈或短视频，但我们也很难做到。养成某些好习惯对于孩子来说，不比大人瘦身、戒烟或不上网的难度小。

现在你知道，让孩子从"听到"到"做到"，有多难了吧！解决当下的某个问题或改正某个态度并不重要，重要的是你明白了"听到—做到"的难度。当你看问题的高度提升了，你的能力也就提升了。知道有多难，你就能保持心态平和、情绪稳定，就不至于让自己的情绪拖了孩子的后腿，你也就不会成为孩子沉重的负担和成长的阻力。

孩子的进步，需要父母每天不断地激励和推动，需要父母给予爱和包容，给予他源源不断的助力。当你完全把主动权还给他，只托起或推动他，而不是控制他，不久的将来，你会得到越来越多的惊喜。有一天你会发现，你的想法，孩子都在实现，他选择的方向也往往是你最希望实现的那个。

你在孩子心中的位置，要比你以为的还重要。

放下所有的指责，真心地去肯定和称赞你的孩子，你就会发现，孩子一直在努力，为了成为更好的自己而努力。

感谢孩子们从未嫌弃我们的无能、平庸和坏脾气；感谢他们那么有耐心，包容我们的种种错误；感谢他们一直全心全意地爱着爸爸妈妈。

第三节
在日常浸润中化解大考的焦虑

中考和高考焦虑一直是家长与孩子们面临的难题。近年来,因为孩子升高中竞争激烈,更是让高考的焦虑提前发作,叠加到中考上了。原本中考的压力就很大,这种焦虑多来自家长,他们迫切地希望孩子能进入好的高中,尤其是最好的重点高中,这样的话,高考的保障就大了不少。无论怎样都得上高中、上大学啊!不然,十来年的教育不是完全失败了吗?这是不少家长的心声。孩子起点高一些的,家长们的目标是"清北",如果够不着,怎么也得上"985""211",否则就太没有面子了啊!想上大学,先得有机会上高中,否则大学梦就完全破碎了。于是,在家长们的高度恐慌下,孩子们的中考压力翻倍了。

面对中高考焦虑,我们寄希望于"教改"带来的持续积极的效果之余,更要认识到家长在缓解这种焦虑方面要做的工作。具体可以从以下几方面努力:

一、避免妖魔化考试，从孩子刚上小学就开始

家长们都知道需要提前预防中高考焦虑，那从什么时候开始呢？初三或高三下学期？初二或高二？在我看来，在孩子刚上小学时，预防中高考焦虑的工作，家长就要开始做了。

当前，考试焦虑越来越早发，其根源在于孩子对考试的认知不对。而孩子对考试的认知，大多来源于家长对待孩子考试成绩的态度。考试原本只是检验近期学习的情况，成绩只是一个暂时的衡量标准，是随时会变化的。某次考试成绩好，说明孩子目前对这部分的内容掌握得好，或者考试中遇到的题恰好是孩子比较熟悉的；某次考试成绩不好，错题多，说明孩子对这部分的内容掌握得不理想，完全可以通过之后的重复学习提升上来。

但是，家长往往从一开始就过分看重孩子的考试成绩和排名。如果孩子某次考试成绩好，家长就会很快乐，觉得自己的孩子优秀，前途光明，可能会赞美孩子或者给予奖励，即便不直接褒奖孩子，孩子也会很清楚地感受到家长对好成绩显现出的幸福感和优越感；如果孩子某次考试成绩不好，家长则会变得愤怒或沮丧，很可能会因为成绩指责甚至惩罚孩子，即便不惩罚孩子，那种强烈的负面情绪也会让孩子觉得压力很大。随着孩子的年级逐渐升高，家长因孩子考试成绩而显现出的情绪变化越来越明显，很多家长会用考试成绩作为奖惩孩子的唯一条件，即便不做具体奖惩，孩子的考试成绩也决定了孩子在家

庭和周围亲友中的地位。无形中，在学校、家长和孩子的共同作用下，考试成绩已经被赋予了远超常态的重大意义，超越了学习和考试本身，让学生倍感压力，以致孩子在心中将其演绎成某种难以战胜的妖魔，考试就这样不断被妖魔化了。因为考试焦虑很早就在孩子心中酝酿，到了中考、高考这种重要的节点，考试的焦虑就已经累积成为学生很难承受的负担，甚至开始消磨孩子的学习兴趣和消耗孩子的学习动力。

要想避免上述情况出现，家长们就要在孩子刚上小学时，努力淡化自己对孩子的考试成绩和排名的关注，让考试回归本身，即检验阶段性学习成果。家长们要放弃对孩子考试成绩的过分关注，避免用考试成绩和排名来对孩子做奖惩，把日常的关注点落在孩子的听课状态、听课效果、学习习惯和学习兴趣上。与此同时，家长们还要不断提升自己的教育理念，反复思考自己对孩子的教育目标，调整自己的情绪，尊重孩子自身的独特性。重视孩子的身心健康远胜于学习成绩，所有家长都要努力成为孩子人生的助力。

二、所有的考试焦虑，源自怕考不好

学生们所有的考试焦虑，本质上都是担心考不好，大致上没有人会为考得好而焦虑。

针对这个问题，家长可以经常这样告诉孩子：考试要想考得好，就把"会的"都答上，"不会的"都写上，然后坦然接

受所有结果。

考不好的一个直接原因就是做错题，错题多也就代表知识没掌握。因而在学生完成学业的过程中，养成科学对待错误的态度是解决焦虑的基础。

太多家长面对孩子试卷中的错题都难保持淡定，一看到错题，轻则表示不悦和沮丧，重则根据错误数量和考试的重要程度对孩子进行批评。如果家长总是这样的态度，孩子就很容易畏惧出错，一旦畏惧，就阻碍了他积极尝试的可能性。很多孩子就是因为怕出错，越来越不愿意学习新知识，也因为对错误的恐惧，生出更多焦虑情绪，甚至开始畏惧和厌恶学习。如果想帮助孩子爱上学习，降低考试焦虑，家长对孩子的错题就一定要有超乎寻常的包容度，自身要更达观、更清醒。只要去做，就可能会出错，如果你不愿意孩子出错，孩子也接受不了自己出错，那么他就没有进步的可能性了。日常学习和考试的过程，都是孩子训练的过程。一开始，反复出错是必然的。当孩子在做作业或考试中出现错题的时候，家长不要责备孩子，而要恭喜孩子。一则发现错误可以帮助孩子弄清自己对知识的真正掌握程度，也正是他们改掉错误的好机会。二则在初学新知识的时候，孩子不熟练或没有完全理解，出错难以避免。实际上，频繁出错时，往往也意味着孩子正处于学习曲线的上升阶段。因为上升很难，肯定会遇到很多困难。

在孩子心中，父母的态度往往是最重要的。家长要努力做到不给孩子增加阻力,甚至在孩子出错时,更多地去肯定孩子的努力,对待孩子的错误保持平常心。

移除了家长闹情绪这座大山,孩子就可以无须顾忌家长的态度,就能真正自己去面对学习,面对错误,这就是一大进步。孩子在自己的勤奋和家长的鼓励中站稳,渐渐就会培养出不骄不躁、越挫越勇的态度。

三、放弃一考定终身的想法

在中考、高考的压力下,家长身为指挥者,面对大事逼近时的沉稳态度和应对策略尤为重要。在这个阶段,通常是家长的更年期叠加孩子的青春期,家长看待高考的态度,以及放眼孩子一生的规划和策略,正确的做法是减少内耗,否则会自乱阵脚。

当下,升学和就业的途径越来越多样化,就业形势也充满变数,一考定终身的可能性越来越小。即便考上理想的大学也不等于一劳永逸,高枕无忧。事实上,比较好的大学的学习压力远比高中更大,也更考验孩子的能动性与可塑性。大学毕业后,孩子同样要面对诸多压力与竞争。

再换个思路想,虽然上大学是人生道路上的一个重要选择,但终极目的都是更好地就业,更好地生活。如果孩子上了大学,学的专业不喜欢、不擅长,将来在就业时同样没有优势,甚至会出现毕业即失业的状况。

风物长宜放眼量，家长是时候放下一考定终身的想法了，用更长远的眼光和更达观的态度对待孩子的未来。

随着社会的飞速发展，高考之外，可选的方向、路径有很多，比如：体育竞技、电子竞技、参军入伍、自主创业、从事自媒体工作、做电商运营，等等。近年发展很好的很多职业，也不一定要参加高考才能做得好，比如：职业主播、主持人、形象设计师、影视演员、销售、化妆造型师、美容美发师、摄影师、中医师、茶艺师、厨师、烘焙师、推拿师、雕刻师、非物质文化遗产传承者，等等。

每个孩子的个性和禀赋不同，如果孩子实在不喜欢也不适合读书，家长要尽早帮助孩子去发掘兴趣、天赋与能力倾向，帮助孩子找到自己热爱的职业方向。做自己热爱的事情，才是幸福的。

四、设立多层次的目标，让考试心态更健康

无论中考还是高考，比较理想的选择都是不要走独木桥，家长要和孩子一起认真考虑志愿。

很多学生之所以焦虑到不可控的程度，往往是因为明知道考试充满了不确定性，却告诉自己一定要达到最理想的结果。只给自己设一个目标，只走一条路是极危险的，容易让自己产生极端的想法，比如：达不到这样，就全完了；考不进这个学校就没学上了。这些想法无形中给考生增加了太多负担和压力。一般认为，中等强度的焦虑有利于考试，但如果破釜沉舟，很可能造成压力更大，反而不利于考试的发挥。此外，如果目标设定得过于单一，考试失利更容易对学生造成心理上的巨大伤害。

首先，如前面提到的，家长要尽早帮助孩子找到他的兴趣与天赋所在，把"特长"放大，比如有科学、美术、书法、音乐、舞蹈、体育特长的孩子，在小升初、中考和高考时，会多一些选择的机会和升学途径，在文化课同等分数的学生中，他们也更有机会进入理想的学校。

其次，依据平时成绩制定上、中、下三个目标。大体上，考试分数会在一个区间内浮动，要提前认真选择出对应分数的、可选择的、多层次的目标学校。如果考试发挥正常，预估成绩对应哪几个学校，将其定为目标；如果有发挥超常现象，按照提升二三十分的高目标选择学校；如果发挥不理想，比平时成绩有所下降，则选择对应的几个层级的学校，做好兜底。家长和孩子要认真研究选的每一个学校，了解每个学校的优势。

设定多层次的目标，避免只有一个选择，这种安全感会让孩子在面对考试时心态更稳定。

五、全力以赴之后，有坦然接受的态度

在设定了多层次的目标之后，家长和孩子还要做好充分的心理准备，向自己承诺，无论实现哪一层次的目标都要开心

接受。

的确，人生的很多时候，并不是指哪里就能打哪里，既然难以避免这样的遗憾，那么在不如意时，也要有打到哪里就接受哪里的达观。

考上了哪所学校，哪所学校对你们全家来说就是最好的学校，因为其他学校再好，孩子没去成，就与你们无关。对于改变不了的事情，坦然接受是最佳选择。智慧的人通常能够尽快接受现实，然后在此基础上再次努力。愤愤不平或怨天尤人只会白白消耗心力，浪费时间。

"岂能尽如人意，但求无愧我心"，相信一切都是最好的安排。只要我们培养出来的孩子最终身心健康，自食其力，对社会有贡献，那就是成功的教育。

| 第三章 |

消除孩子学习中的"一票否决"式因素

孩子的心理健康和身体健康是一样重要的,家长在关注孩子身体健康的同时,也要加强对孩子心理健康的重视。我认为与孩子的心理健康密切相关,对孩子的学习起决定性作用的因素包括自我定位、人际关系(与老师、同学的关系)。家长提前关注这些问题并妥善处理,可在孩子的成长中发挥未雨绸缪的重要作用。

第一节
帮助孩子建立合理的自我定位

自我定位，也可以称为自我心理定位，或者自我身份定位。

人在自己身处的每一个环境甚至面对的每一件事情里，都会下意识地给自己一个定位，这既是一种心理上的自我定位，也是一种身份上的自我定位。自我定位会影响一个人的行为和态度，但在日常生活中一般不会轻易被表现出来，除非专门去做自我探究。

在学校，每个孩子都会在学习和生活的各个方面潜在地做自我定位。也就是他自认为在这个环境或者事情上，他应该是怎样的。之后他的所有行为都会围绕着这种自我认知展开，很多作为也会反映出他给自己设定的定位。

如果孩子的自我定位是一个专门跟老师作对的学生，他就会处处表现出跟老师的对立和对老师的不服从；如果孩子的自我定位是一名优秀班干部，他就会处处表现出符合优秀班干部这个形象的行为；如果孩子的自我定位是班里的"小透明"，不想让老师和同学关注到自己，他的行为就会处在一种随大流和中庸的状态，既不主动，也不拖后腿，力求降低存在感。

同样，在学习上，孩子的自我定位就是认为自己的学习处在哪个象限，是闲置期、淬炼期，还是成功期、待定期，这一点决定了孩子愿意在学习上下多少功夫，以及他努不努力，做多少努力。比如孩子的自我定位在闲置期，那么不勤奋、分数低，就是他对自己在学习上的定位，他的所有行为都是跟这个定位相符合的，努力维持着懒惰，同时痛苦地接受自己成绩差的现实。比如某个孩子的自我定位在淬炼期，他就会觉得自己成绩差是暂时的，他会不断努力以改变成绩差的状态。尽管和闲置期的孩子一样成绩不好，但自我定位在淬炼期的孩子表现出的行为与心态和闲置期的孩子就会完全不同。一个自我定位在成功期的孩子，他已经体验到勤奋带来的学习上的成就感，他觉得自己是勤奋又优秀的，因此他的学习动力和勤奋付出也会不断将自己维持在成功期。而自我定位在待定期的孩子，因为要维持不勤奋就能轻松拿到高分这种优越感，所以在行为上自然很难表现出勤奋的一面。

自我定位是在潜意识中存在的，会随着孩子的心态改变而有所调整，以孩子内心足够信服的现实来支撑和巩固。孩子的自我定位是在生活中逐渐形成的，随着他们的境遇变化和想法的不断成熟，自我定位也会随之改变，自我定位还跟家长的影响密切相关。

一旦孩子在某方面做了比较明确并且坚定的自我定位，这种情况改变起来难度就比较大。外界的改变如果不能引起内心自我定位的松动，现状就无法改变。尤其是很多身在困境中的孩子，无论是学习状态，还是人际关系、班级事务参与度等都很难改变。

家长一定要重视孩子的自我定位，因为这很可能是孩子学习进步与否的根源。我们可以通过长期的正面肯定、鼓励来帮孩子建立正确的自我定位，也可以跟孩子探讨他对自己的定位，帮助他不断认清自己，促使他变得更积极、更健康。

通常，孩子们建立比较明确的心理定位的时期是刚上初中时，孩子在小学时是懵懂的，升入初中后开始进入青春期了。这时候孩子的自我怀疑、对人生的思考、自我同一性的协调等问题都浮现了出来，是最困惑也是变数最大的一个时期。通常初中时期形成的自我定位，尤其是在人群中的地位和受尊重的程度，会关系到孩子整个学生生涯的自我定位，甚至有可能成为他一生的自我定位。

家长们在孩子小学毕业前，就要协助孩子形成积极的心理定位，方法就是我一直强调的：多鼓励、多尊重、多肯定，让孩子觉得自己是一个值得被尊重的人，是有希望的、上进的人。

我们前面提到的所有关于家长应提升教育理念、改善对孩子的态度和沟通方式、加强对孩子学习的管理等，都是为了帮孩子确立更积极的自我定位。

第二节
万万不可小觑学校的人际关系

孩子上学后，家长们都高度重视孩子的学习，关注孩子的考试成绩，却很少想到孩子在学校的人际关系问题。对于孩子而言，在校的人际关系就是与老师和同学的关系，这是孩子们要面对的一个重大问题。我在多年的咨询中遇到不少难以继续学业的孩子，其中不少因在学校处理不好人际关系而饱受困扰。当下很多孩子难以适应学校生活或者成绩下滑的，也是因为在学校处理不好人际关系。

如果在学校，孩子和老师相处融洽，有关系比较好的同学，能被大部分同学接受和欢迎，那么他就会很喜欢学校，喜欢上学；如果孩子本身比较有个性，在学校跟老师关系紧张，或者不会和同学相处，在班级没有聊得来的朋友，不被大部分同学接受，那么他就会比较难适应学校的生活。

在学校里，孩子的人际关系主要是跟老师和同学的关系。

在小学低年级阶段，孩子们还比较懵懂，绝大部分孩子跟老师的关系也相对简单，因为这个时期孩子的个性还没特别凸显出来，绝大部分孩子都会服从老师管理，只有极个别淘气的孩子会被批评得多一些。在小学低年级阶段，即便孩子和同学的关系偶尔出现问题，也大致上是淘气的孩子之间偶尔打闹产生的一些小摩擦，或者谁跟谁更近、谁跟谁更合得来、是否愿意一起玩等一些小问题，都不难解决。而进入小学高年级之后，孩子开始变得敏感，他们会更注重与同龄人的平行交往，重视自己在别人心中的形象。等到进入青春期，他们与老师和同学的关系会变得更加复杂，人际关系也会显现出很多问题。

一、跟老师的关系

孩子跟老师的关系，实际上是孩子跟家长的关系的缩影。待孩子长大后，通常孩子跟领导的关系也是孩子跟家长的关系的映射，因为本质上都是孩子和权威的关系。跟父母关系亲密的孩子，通常本能地信任或亲近他认为比较好的老师。孩子亲近老师、跟老师走得比较近，受师长的关爱会更多；而跟家长关系不够理想的孩子，本能地会不够信任老师，随着年龄的增长，会对老师有戒备心，明显会逃避、远离甚至对抗让他感觉不好的老师。

所以，家长要高度重视亲子关系，努力和孩子保持融洽的关系，并慢慢教孩子一些与长辈相处的经验。如果你们的亲子关系不够好，孩子的成长可能就有很多未知的变数。孩子如果能遇上合得来且让他信任的老师，是幸运的；如果遇上合不来甚至反感的老师，孩子的成长就会多一些磕磕绊绊。

二、跟同学的关系

并非每个人都是人际关系高手,事实上,关于人际交往问题,即便是成年人也常常受其困扰,孩子们就更需要学习了。不同的孩子,在与人相处中会有不同的表现,大部分孩子本能的表现都是在与父母的相处之中习得的。

如何跟同学相处困扰着很多孩子,尤其是独生子女,他们缺少跟同龄人相处的经验,没有争夺、磨合、谦让和互相妥协等经历,更多地以自我为中心,不会关心别人。随着他们不断长大,与人相处能力的不足也会不断显露出来。孩子们学习压力大,竞争激烈,同学间缺乏深度相处的机会,这样,如何与人和平相处、如何不引起嫉妒、如何保护自己的利益又不影响他人,尤其在遇到矛盾时如何化解,对孩子们来说都是大事,会影响孩子在班级的生活与学习。

孩子的人际交往能力需要家长重视与培养。家长要了解自己孩子的特点,有技巧地提供建议供孩子参考,帮助孩子学习选择朋友,不断培养孩子与人相处的能力,处理和同学之间的分歧与争执等问题。如果父母本身也不擅长,则可以向亲友或者专业人士请教,正好可以与孩子一起学习和成长。

如果你们的亲子关系不够好,孩子遇到困难可能也不会告诉家长,这就比较遗憾,孩子完全要靠自己去寻找学习和解决的方法。如果你的孩子信任的人品行很好,孩子就可以取得大进步;如果你的孩子信任的人恰好是品行不好的人,孩子就会处在很大的风险中。此外，还有孩子在学校遭遇霸凌，这是另一回事，但同样需要家长多关心孩子，同时及时保护好孩子。

幸福的人可以用童年治愈一生，我想，作为家长最大的成就，是能让孩子在我们身边感到幸福。而幸福感，是人生的最大动力。

时时给孩子幸福感，让家永远温暖、充满爱，是我们给孩子的最大动力，而讲究策略的温暖与爱，则可以唤醒孩子的内驱力，帮助他们成为最好的自己。

我一直坚信，每一个智商正常的孩子都可以成为热爱学习、快乐学习的孩子。这不但需要孩子努力，更需要父母教育得法，能在孩子成长过程中发挥足够强大的推动作用。家长进步一小步，孩子就能进步一大步。希望家长能更谦逊、勇敢，放下虚荣心，不再焦虑，给孩子更多的爱与鼓励，从心态到行动，一步步做出改变，成为孩子成长路上的"加油站"。